U0128017

江西通史

——北宋卷上冊

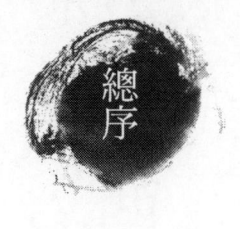

總序

鍾起煌

　　世界上的很多事情都是由機緣而起因執著而成，包括我們這部《江西通史》。

　　說由機緣而起，是因為這件事情的發生幾乎純屬偶然。二〇〇二年夏天，我和彭適凡、孫家驊同志談到江西悠久的歷史、談到江西輝煌的文化，因而產生了組織專家編撰《江西通史》的設想，彭、孫二位當即認為此舉當行而且可行。

　　說因執著而成，是因為一旦有這個想法，而且認為這是一件研究江西歷史、弘揚江西文化的重要工程，就決心去做。為此，我徵詢了周鑾書同志的意見，並邀請邵鴻和方志遠同志共商此事，得到他們的熱烈回應。二〇〇二年十月十八日，在江西省文物局和江西師大歷史文化與旅遊學院共同舉辦的全省文博教育成果展示與經驗交流會上，我向大會通報了編撰《江西通史》的意見，引起全體代表的熱烈反響，大家用長時間的熱烈掌聲表示支持，認為這是貫徹「三個代表」重要思想、全面挖掘和整理江西傳統文化、推進江西經濟文化建設的一大盛事。有了這個共識，十二月十三日，準備工作進入實質性階段。在我的主持下，召開了有關專家和編輯人員的聯席會議，對編撰《江西通史》的指導

思想、作者人選、工作日程、成果形式等具體問題展開了比較細緻的討論。二〇〇三年二月十五日，召開了第一次編撰工作會，《江西通史》的編撰工作就此正式啟動。

雖然說是機緣和偶然，但新的《江西通史》的編撰，實具備諸多因素和條件。

一、江西在中國歷史上具有重要的地位。根據最新的考古發現，在江西這塊土地上，人類的活動至少已有二十萬年歷史，它是中華民族發展史和古代文明發展史的重要組成部分；唐末五代以來，隨著全國經濟重心的南移，江西遂為全國經濟文化最為發達的省份之一，其物產之富、人才之眾，舉世矚目；進入二十世紀，江西又因為中央蘇區的建立而成為全國蘇維埃運動的中心。很難想像，在十分漫長的時段裡，沒有江西的中國歷史將會是什麼樣子。

二、文獻與實物資料豐富。江西既有「物華天寶、人傑地靈」之譽（唐王勃語），又素稱「文章節義」之邦（宋司馬光語）和「人文之藪」（清乾隆帝語），存世官修私撰文獻極為豐富。近年來一系列的考古發現，既可彌補文字記載之不足，更可與文

獻資料相互印證，為編撰《江西通史》提供了可供參考的實證材料和科學依據。

三、前期成果豐碩、學術隊伍整齊。老一輩的歷史學家仍然健在，他們不但學術積累深厚，而且對研究江西歷史有著強烈的責任心；中青年學者正趨成熟，他們繼承了前輩學者的嚴謹學風，又吸收了新的研究方法和研究技術，思維敏捷，勇於創新。在他們的共同努力下，這些年來已有大批高品質的有關江西歷史的學術成果問世，這些成果涉及江西歷史的方方面面，為編撰《江西通史》奠定了堅實的學術基礎。

四、政治環境寬鬆、經濟形勢發展。盛世修志是中國的傳統。改革開放以來，政通人和，國泰民安，江西經濟和全國一樣，有較快速度的發展。這為編撰《江西通史》提供了自由的學術氣氛和比較充裕的財力保證。近年來，江西的學術事業和出版事業取得了有目共睹的成就，連續獲得中宣部「五個一」工程獎和國家圖書獎、中國圖書獎，給江西文化藝術界和學術界以振奮，也引起了各兄弟省市的關注。這些成就的取得，為我們組織大規模著作的編撰工作提供了經驗。而周邊各省如湖北、湖南、浙江以及其他省市新編通史的紛紛問世，對《江西通史》的編撰是有力的推動，也提供了有益的借鑒。

五、從我個人來說，當時也恰恰能分出一些精力和時間來抓這件事情。於是盡力協調各方面的關係，為作者們、編者們排除各種障礙，以保證這項重大工程的圓滿完成。

四年來，《江西通史》的編撰工作得到了各方面的關心和支持。黃智權、吳新雄省長親自過問此事並指示有關部門給予支

待，省政協將其作為一件大的文化事業進行推動，省社聯將其列為重大科研項目，江西師大、南昌大學、省社科院、省文物局、省博物館和省考古所等有關單位也對參與編撰的專家們給予各種便利，出版部門派出了強大的編輯班子並準備了足夠的啟動和出版資金。特別要指出的是，各位作者在繁忙的教學和科研工作中，能夠將《江西通史》的寫作列入重要的工作計畫並全身心地投入。我在第一次全體編撰會議上指出，《江西通史》的編撰是一項挖掘和弘揚江西歷史文化傳統的千秋事業，希望作者和編者將其視為自己學術生涯中的事業。事實證明，作者和編者們後來都是這樣要求自己的。正是因為有了各方面的支持和全體編撰人員的共同努力，十一卷的《江西通史》才能順利地完成書稿並得到如期出版。

明代中期，隨著區域經濟文化的發展，修撰地方誌成為一大文化現象。各省、各府乃至各縣的省志、府志、縣誌大量湧現。此後遂為傳統。盛世修志也不僅僅限於修前朝歷史，更大量、更具有普遍意義的乃是修當地地方史。具有全局意義的江西省志也正是在這個時候產生的。自明中期以來，江西整體史著作已編撰過多部，其中著名的有：林庭㭐《江西通志》（37 卷，明嘉靖四年），王宗沐《江西省大志》（8 卷，嘉靖三十五年；萬曆二十五年陸萬陔增修），于成龍、杜果《江西通志》（54 卷，清康熙二十二年），白潢、查慎行《西江志》（206 卷，康熙五十九年），高其悼、謝旻《江西通志》（163 卷，雍正十年），劉坤一、劉繹、趙之謙《江西通志》（180 卷，光緒七年），吳宗慈、辛際周、周性初《江西通志稿》（9 編，民國三十八年）。二十世紀

末，又有許懷林的《江西史稿》（1994年，江西高校出版社），陳文華、陳榮華主編的《江西通史》（1999年，江西人民出版社）問世。這些著作在保留江西歷史遺存、挖掘江西歷史文化方面作出了重要的貢獻。如何在充分吸取前人成果的基礎上有所發展、有所創新，是對新編《江西通史》的考驗。

為了使新的《江西通史》更具有時代特色和歷史價值，更具有劃時代的意義，我們對這部著作提出了以下的要求。

一、中國歷史是一個整體，我們在研究任何地方歷史的時候，都不能脫離這個整體。因此，正確認識各個歷史時期江西在全國政治經濟格局中的地位就顯得尤其重要，必須充分關注江西與中央、與周邊地區的關係，不溢美、不自卑，不關起門來論江西，將《江西通史》寫成一部與中華民族的整體有著血肉聯繫的江西歷史。

二、《江西通史》是系統記述和研究江西歷史的大型學術著作，由眾多學者共同參與完成。一方面，各卷是作者的個人成果，是作者最新研究成果的結晶，可以也應該有自己的風格和特色，所以希望作者精益求精，使其成為各自領域的學術精品。另一方面，甚至更為重要的是，它又必須是一個整體，是一部「通史」，所以全書十一卷必須有統一的體例和統一的要求，在文風上一定要力求簡潔、明快。各卷作者務必服從整體、服從大局，使自己的作品成為整個《江西通史》的有機組成部分。

三、《江西通史》必須是一部真實、動態、有可讀性的信史。所謂真實，是指史料翔實、言必有據。此「據」是經過考證後認為合理的，否則，「盡信書則不如無書」（孟子語）。這就需

要每個作者既盡可能地系統爬梳和挖掘史料，又謹慎辨析和使用史料。所謂動態，是指用發展的眼光看問題，既將問題放在特定的歷史背景之下，又特別關注它的演進過程，因為即使是同一件事物，其狀態和作用也是隨著時間的推移和社會的變遷而變化的。這就需要每個作者以歷史唯物主義和辯證唯物主義的觀點和方法去闡釋歷史、去探討歷史演進的規律。所謂有可讀性，是指應該用流暢的文字、敘述的方法寫作，展示的是作者的觀點和結論，而不是考辨的過程，它的體例是史書而不是論文。無圖不成書。圖文並茂是中國出版物的優良傳統和重要特點，《江西通史》應該在盡可能的悄況下，收集能夠說明江西歷史各階段各方面狀況的歷史圖片，以加強其歷史感和可信度，同時也使其更具有可讀性。

四、以人為本，以民為本，以基層社會為本。所謂以人為本，指的是要寫成人的歷史，以人的活動為描述物件，即使是制度、習俗，也應盡可能地有入的活動。所謂以民為本，指的是盡可能地站在大眾的立場上來敘述歷史、看待歷史，更多地敘述大眾的活動。所謂以基層為本，是因為地方史本身就是基層乃至底層的歷史，要盡可能地揭示基層組織和底層社會的活動狀況。在此基礎上，充分重視統治者和社會精英對社會的主導作用，重視自然環境、人文環境，特別是包括傳統價值觀念和現實政治制度等在內的上層建築對個人、對大眾、對底層的影響和制約作用，寫成一部上層建築與經濟基礎互動、國家權力與基層社會互動、社會精英與人民大眾互動的歷史。

十一卷本《江西通史》即將付梓，我們希望它的出版能夠成

為江西歷史研究的新的里程碑、能夠成為江西文化史上的一大盛
事。當然，能否達到這個目標，還要由讀者和歷史來檢驗。

前言

北宋時期的江西地區是社會全面進步的地區，在政治、經濟、文化等領域中江西人民都作出了重大貢獻，正處於凸現優勢的重要階段。從北宋開始，中央朝廷更看重江西，多半是從經濟、文化上衡量；社會各界人士則從現實出發，對江西更感興趣，士人、商賈、僧道都願到江西來；而一些保守官紳輕視江西的舊觀念，不得不在事實面前適時更變。

一

北宋的建立，結束了五代十國的分裂局面，封建統治全面加強，我國社會發展進程加快。

趙匡胤取代後周，面對的形勢是北邊有強大的契丹（遼），長江流域有四川的後蜀，江陵的南平，湖南的楚，杭州的吳越，金陵的南唐，以及廣東的南漢，福建的閩。此外，在太原還有一個契丹保護下的北漢。鑒於後周的軍事實踐中，趙匡胤認識到「當今勁敵惟在契丹」，因而對它採取守勢，集中力量消滅南方的割據政權。經過二十餘年的交戰，到太宗太平興國四年（979），宋才最後削平了北漢，基本實現了統一。

　　為了防範藩鎮割據、篡奪頻繁的局面重演，北宋朝廷全力消除分裂時代造成的弊政，強化自身的統治地位。一開始便收兵權，財權，削藩鎮，全面實行中央專制集權。首先是收奪高級將領的軍權，取消統掌軍隊的殿前都點檢、副都點檢，改設殿前司、侍衛馬軍司、侍衛步軍司，分別領兵；軍政事務歸樞密院管理，而實權全在皇帝手中。宋太宗對出征作戰的大將，實行「將從中禦」的措施。其次，分割宰相權力，改變其「事無不統」的職責。設樞密使，既宰制握兵的將領，又使宰相不管軍政；設三司使，總鹽鐵、度支、戶部之事，掌財政大計，削除宰相的財政。再次，不讓武將出任地方長官，並削減他們的事權。一路之中以轉運使司專掌財賦，設提點刑獄分掌刑獄司法。州郡添設通判一職，藉以制約長吏。這一系列政治措施，收到了「強幹弱枝」的統治效果，使朝廷有了堅實的經濟基礎。

　　對地方的統治與管理，一方面憑藉「路」的建制為朝廷分治，另一方面在軍事上加強中央禁軍，又普遍設置廂軍、鄉兵等地方兵，強化了防守邊境和鎮壓民眾的武力；而修造城池、漕運錢糧、整治河道等重大勞務，都由廂軍擔任，減輕了農民繁重的徭役。

　　經濟上採取「田制不立」、「不抑兼併」的政策，使庶族地主經濟獲得較大的發展空間。與此相適應，詔令田主放鬆對佃農的束縛，讓佃農有「去而之他」的佃耕自由。賦役制度以田為本，按人丁的征取退居次要地位。戶口分類不再注重身分等級，而是根據田地房產的有或無，把民戶劃為主戶、客戶；根據主戶財產多寡，分成若干等級，其中的上等戶屬於地主階級，下等戶

屬於自耕農、半自耕農。客戶則是佃農。農業中確立了契約租佃制度。工商業中實行官府創辦的行會制度，藉以保證官府所需物資的供應。礦產一律國有，鹽茶酒由官府專賣。從總體上衡量，農業、手工業都有明顯發展，科學技術獲得更大的進步。

思想領域之內，大力重整忠孝倫理秩序，恢復禮樂權威。注意提升士大夫的作用，確立「不殺士大夫及言事官」[1]的政策。讓學者致力闡發儒學義理，宣揚「回向三代」，由此而掀起改革思潮，促成慶曆、熙豐新政出現。在此同時，與拘守章句訓詁的漢學相對立的宋學蓬勃興起，王安石「新學」的風行，以及張載、二程諸人學術思想的傳播，都是學術思想活躍的表現。書院與學校教育相對普及，科舉取士人數大量增加。經學、史學、文學等傳統學術領域，都增添了重要新內容。大批傑出人才的湧現，推動了文化教育繼續下移，水準進一步提高。

總之，北宋通過政治上加強，經濟上放鬆，思想上放寬等措施，鞏固了統治地位，社會物質文明和精神文明都達到新的高度，既超過了前代，也使後代難於企及。

北宋的統一是相對的，在它的北、西兩邊還有遼、西夏政權，長期與之對立較量，給宋朝統治造成很大的影響。遼朝，是

1　趙匡胤定的這條「家法」，實為不殺朝中諫諍大臣，對其他的讀書人還是要殺的。《容齋隨筆》記曰：「太平興國末，孟州進士張雨光，以試不合格，縱酒大罵於街衢中，言涉指斥。上怒，斬之，同保九輩永不得赴舉。」（見續筆卷十三）不僅殺當事人，還誅連「同保九輩」，何其殘酷。

契丹族在我國東北地區建立的王朝。唐朝末年，契丹貴族耶律阿保機勢力逐漸強大，於五代後梁貞明二年（916 年）自立為皇帝，國號契丹[2]，定都上京臨潢府（在今內蒙昭烏達盟巴林左旗）。後晉時期，遼太宗從石敬瑭手中得到燕、雲十六州，統治地域擴大到今河北的北部地方。北宋建立以後，宋遼雙方多次交戰，太平興國四年（979 年），宋太宗率兵滅北漢，乘勝進攻幽州（遼的南京，今北京），在幽州城外的高粱河（北京西直門外）慘敗，負傷，乘驢車倉惶逃歸。雍熙三年（986 年），宋軍再度兵分三路北伐，中、西兩路進軍順利，但東路軍在涿州（今河北涿州）遭遇遼軍主力，糧餉又供應不上，倉促後撤到岐溝關（涿州西南 40 里），被耶律休哥騎兵打得大敗。宋太宗急命中西兩路撤回，駐守原來防線。從此以後，北宋放棄收復燕、雲的打算，改為消極防守的政策。於是，自保州（今河北保定）以東至海，依河道地勢增修塘泊，開闢水田；保州以西到太行山，則大量種植榆樹、柳樹，構成屏障。憑藉塘水與樹林對遼騎兵的阻擾，增強宋軍對遼的防守力量。

景德元年（1004 年），契丹軍隊大舉南侵，一直打到黃河北岸的澶州（今河南濮陽，因有澶淵，又名澶淵郡）附近，南岸的汴京城內，君臣頓時驚惶一片，宰執大臣中王欽若請遷都金陵，陳堯叟主張遷往成都，寇準則主張抵抗，並且要真宗親征，鼓舞

2　其國號多次更改，947 年改稱遼，982 年仍稱契丹，1066 年再改遼，故本書中兩名互見。

士氣。十一月，真宗等人前往澶州途中，契丹統帥蕭撻覽中宋軍伏弩而死，士氣大挫。雙方於是議和，訂立「澶淵之盟」，宋遼以白溝河為界，在沿邊開放榷場貿易。此後，宋遼維持了較長時期的安定局面。

西夏，是以党項羌族在今寧夏建立的地方王朝。党項是古代羌族的一支，原居青藏高原，後遷至甘肅、青海一帶。唐僖宗時期，党項夏州刺史拓跋思恭協助唐朝鎮壓黃巢軍，受封為夏國公，賜姓李。北宋建立以後，西夏李繼捧向宋太宗獻出所領銀、夏、綏、宥、靜五州之地，宋太宗賜其姓趙，名保忠，留居汴京。繼捧族弟李繼遷則走避漠北，聯絡豪右，用漢人為參謀，與遼朝結盟，共同對抗宋朝。宋真宗初年，對李繼遷實行安撫政策，給還五州之地。不久，李繼遷被歸附於宋朝的吐蕃軍隊打敗，受傷致死，由兒子李德明繼位。「澶淵之盟」以後，李德明既向遼請封，又與宋和好。真宗「姑務羈縻，以緩爭戰」，景德三年（1006年）訂和約，封李德明為西平王，賜姓趙，並給銀萬兩，絹萬匹，錢三萬貫，茶二萬斤。此後一段時間宋夏邊境有耕無戰，西夏經濟得到一定發展。明道元年（1032年）十月，趙德明死，子趙元昊繼位。元昊充分利用與宋遼通好的時機，推進改制工作，如擴建宮殿，確立年號，仿漢字創制西夏文字，翻譯漢文典籍。大慶三年（1038年、宋仁宗寶元元年），元昊稱帝，國號大夏，史稱西夏。宋仁宗不承認元昊的帝位，邊境戰爭再起。元昊在二三年的交戰中，雖然得勝，但兵力死亡過半，宋朝的「歲賜」停了，邊境榷場關閉了，經濟生活十分困難，不得不轉而求和。慶曆四年（1044年）達成協議，元昊向宋稱臣，

但「帝其國中自若也」。治平四年（1067 年）西夏國主諒祚死，八歲的兒子秉常繼位，當權的母黨集團改變親宋政策，連年在邊境上挑釁。嚴峻的形勢使宋神宗決意進行軍事對抗。宋夏之間長期和戰不定，夏竦、王韶、徐禧等江西士大夫，先後參與西北邊防軍務，作出了自己的貢獻。

二

　　正是在國家大背景推動之中，江西地區的經濟文化發展進入歷史新階段。

　　江西的區位優勢，在北宋時期進一步增強。鄱陽湖—贛江航道，對北宋朝廷加強對南方大地的統治，實有舉足輕重的地位。由於它是溝通中原與嶺南的主幹道，北宋需要憑此航道實施對江西、對嶺南的政治統轄與財賦徵收，因而迅速加強了對航道沿線城鄉的行政區設置與管理，以求航運安全暢通。於是，南康、臨江、南安三個軍幾乎同時設立，而在江西境內又新增十餘個縣治，對地方嚴密而有效的治理。從經濟角度上看，縣治的建立是對當地開發成果在制度上的確認。鑒於贛南在五嶺南北地區的樞紐地位，還在虔州（今贛州）添置了江南西路兵馬都監，使其與廣南東路兵馬都監配合，共同消除「地接廣東，江山險阻，私鑄盜販習以成俗，嘯聚出沒，民受其害」[3]的老大難問題。江南西路兵馬都監設置於虔州的決策，為明代在贛州設立南贛巡撫，統

3　《宋會要輯稿》職官四九之五。

管江西、福建、廣東、湖南四省的八府一州之地，提供了切實的歷史經驗借鑒。

　　政治統治之所以要加強，就北宋時代的江西地區而論，主要是因其經濟繁盛、實力增強而起。這個時候江西地區的人口增加很快，宗寧戶數達二〇〇萬餘，占到宋朝戶口總數的百分之十左右，這種高比重的人口態勢，歷史罕見；與唐朝元和戶數（29萬餘）比，增加了五點八九倍，與北宋初年戶數（65萬餘）比，增加了二點〇七倍。在那時的歷史大背景裡，人口激增是社會發展加速、後勁強大的證明。不斷增多的人口，帶來豐足的勞動力資源，為社會發展提供了不可或缺的基本條件。人口繁多之後，耕地面積跟著擴大，糧食農業振起，引發「丁糧之繁，賦輸之夥，疆理之充斥，訟訴之紛紜」的尖銳社會矛盾，使得「為州與縣者常病之」。[4]要解決這種統治欠缺，最實際而有用的辦法，便是分土析戶，加設縣治，就近而及時的認真管理。人們從這裡看到，政府有效的管理促進了社會經濟發展，而生產事業的強勁活力反證了管理的有序。於是，社會向前推進，有了糧食優勢，洪州所領之地「賦粟輸於京師為天下最」；有了手工業、礦冶業優勢，銅礦冶煉、錢幣鑄造生產占據領先地位，景德鎮等眾多瓷窯的窯火旺盛，等等……航運交通的便捷，促使商品貿易活動空前繁榮，以致冒牌名品——撫州民戶織造的麻紗冒充蓮花庵的蓮花紗——也能暢銷；也有了標示商品產地、製造人的廣告意識——

4　光緒《江西通志》卷六八，段縫《（永豐）建縣記》。

景德鎮青白瓷粉盒寫出姓氏名款。這樣的一些活動內容，讓我們又看到社會中的影像：由產品豐富催生出來的劇烈市場競爭，使商品經濟水準有所提高，角逐牟利手段日益多樣，而保護經濟權益的意識也相應強烈起來。江西作為國家的一個重要財富基地，在北宋完全已經確立起來。

民眾日漸寬裕的經濟生活，培植起來富而重教的風尚習俗，造就出教育文化領域的空前繁榮。各種民辦的家族書院在繼續勃興起來，其中有的領先於全國，如東佳書堂、華林書院、雷塘書院等書院。分散於地方的大大小小書院，彌補著唐末以來的官學空缺，有效地延續了傳統儒學教育，使許多平民子弟獲得了讀書、應舉的機會。終北宋一代，江西有一七〇〇多人實現宿願，成為進士，竟至有人自豪地說：「取高科，登顯仕者，無世無之」。[5]按《宋史》資料統計，事蹟寫入傳記的江西人八十六名，官職達副宰相以上的十八人，占執政官總數三一〇人的百分之五點八。從宋太宗時代開始，歷真宗、仁宗、神宗、哲宗、徽宗各代，朝廷權力中樞成員內，都有了江西官員。這些出身寒素的平民，一下子進入權力上層，乃至左右朝政，導演出北宋政壇上許多精彩場面。汪藻說「宋興百年」而後有許多江西鄉戶「相與出耕」為「聞家」，子孫高中為顯宦的評議，正合真宗以後各朝的實際。上層權貴人物的更變組合，如此的前所未有，另人震驚，引發巨大而複雜的社會反響。不論是讚揚或是沮喪，卻是都抹煞

5　汪藻：《浮溪集》卷十九，《為德興汪氏種德堂作記》。

不了江西名流留下的深刻印記。

　　宋學是中國傳統學術史上的高峰階段，時代賦予他們的使命是重整禮樂秩序，健全統治制度，自覺進行政治改革成為士大夫的主流意識。圍繞這個思想主流，人們從不同角度闡發自己的見解，壘起傳統學術的新高峰。從這個高峰的各個側面，都可以看到舉旗的領軍人物中江西人的形象。劉敞、李覯、王安石等人的經學，歐陽修、王安石、曾鞏等人的文學，歐陽修、劉恕、劉攽等人的史學，樂史、歐陽忞的歷史地理學，晏殊、晏幾道的詞學，黃庭堅的詩學，曾安止的農學，張潛的礦冶學，方會、慧南的佛學，以及呂南公等一批平民學者，都以其傑出的精神勞動成果，在歷史的豐碑上刻下了他們的英名。王安石在政治、思想、哲學等領域創新與建樹，影響更為深遠。這個歷史階段上的精英群體表明，從北宋開始，江西的文化事業正在加速發展，水準相應提高，雖然本身還有明顯的地區差別，但其代表者已經進入全國先進行列，整體上不再是主流文化的邊緣地區。吳孝宗的評議是對的：

　　古者江南不能與中土等。宋受天命，然後七閩、二浙與江之西東，冠帶詩書，翕然大肆，人才之盛，遂甲於天下。江南既為天下甲，而饒人喜事，又甲於江南。蓋饒之為州，壤土肥而養生之物多，其民家富而戶羨，蓄百金者不在富人之列，又當寬平無事之際，而天性好善，為父兄者以其子與弟不文為咎，為母妻者

以其子與夫不學為辱。其美如此。[6]

　　吳孝宗這段議論，雖然是為餘干縣寫的《學記》，立足於饒州說話，但其所論事象實，在吉州、在虔州也能找到，所以可看作全江西地區的時代新氣象。吳氏是撫州人，活動在北宋中期，耳聞目睹著家鄉四境風俗的進化，故能敏銳地抓住簡要地概述明白。當我們在八九百年之後，仍能比較充分地讀到這些先賢的著述，從中體會到那時的社會生活情狀，是幸運的，無不欽佩而敬仰。自然，我們也完全信服吳孝宗的論說。江南、江西與中土比較，由「不如」到「甲天下」的變化，其原由，其過程，則是都與江西十三州軍的具體演變密切連在一起的。

三

　　對宋代江西歷史的展示，我們將北宋與南宋分開敘述，北宋時期江南東路的江、饒、信州以及南康軍的事情，一併納入江西地區的考察範圍。

　　北宋（960-1127）、南宋（1127-1279），各超過一五○年，時限雖不太長，也不算短。擺在歷史的長河中這只是一瞬，以人的創業年限來說，已是幾代人的奮鬥歷程，其間的曲折變化很多，矛盾紛紜複雜。把北宋、南宋的江西歷史分為兩卷介紹，可以讓人事與時序結合得緊一些，因果關係更密切一些。

6　洪邁：《容齋隨筆・四筆》卷五，《饒州風俗》。

兩宋的三一九年統治，是我國古代歷史的重要時期。所經歷的世事演變，北宋與南宋明顯差異，各自處在不同的大環境中，政治、經濟、文化諸領域各有自身的特點，如果合在一起敘述，勢必難於因時制宜、恰如其分地揭示其因果變化。例如，北宋與遼、夏的關係，根本不能和南宋與金的關係相提並論。統治方略的改革變法運動，是北宋時代的產物，而對金朝主戰與主和決策的取捨，只能烙上南宋的印記。北南宋都有黨爭、官僚集團之間的都相互傾軋，但其因由、內容與表現卻是大不同。生產領域的技術進步比較緩慢，然而三百年間的辛勤勞作，成效有起伏變化，由於受多種條件的制約，不同行業中的不同階段，有的在繼續發展，進步了；有的卻顯得衰頹，甚至跌落下去。例如銅礦開採冶煉、銅錢鑄造業的高漲與衰退，分別在北宋、南宋階段敘述，有利於交代統計資料背後的內容。如若統合在一起寫，將會與橫向展開的通史體例相抵觸。

　　思想界的景況更熱鬧。北宋的學人們側重秩序重建的政治主線，各自抒發見解主張，有如「百花齊放」。對王安石「新學」的議論，沒有引發為激烈的思想學術對抗；熙豐變法之後的政治傾軋，基本上是權勢利害的爭奪，已經遠離思想學術之爭了。南宋以後理學家的論爭，人品修養已經上升到主流地位；朱陸兩大學派的對立，先是有尖銳的學術交鋒，繼而形成門派利害之爭。官僚集團之中對朱熹理學的駁難，不時與政治打擊交織在一起。

　　私家書院在北宋的勃興，完全承擔著供士子讀書的歷史使命，其教與學的社會效益明顯而直接。南宋時期書院的再起，作為一種教學機構，私辦與官辦並存，同時又有了學派的徽記，被

當作宣傳某家觀點、培養本派門徒的基地。書院先是以「新潮」出現，爾後積漸成習，充當了傳統，同時又跟著時代推移而有新的變化，這是尤為值得注意的。

諸如此類的社會政治、經濟、文化大變局，無不直接或間接作用於江西，引發相應的起伏進退，都需要以貼切的事實為根據，作出實在的分析說明，避免忽而北宋，忽而南宋式的跳躍，或是間隔一二百年的政令與事例，湊合起來述說一個結論。

然而，真正實施起來，遇到的困難不少。地方歷史的個性，使研究工作有方便之處，同時有其局限。歷史發展的各階段中的重大情節，在每個地區不是都有充分的體現。經常碰到該有的卻偏無的情況；全域上重要的事項，往往在該地區卻不顯緊要，沒有什麼人事活動記錄下來。這時，「東邊不亮西邊亮，黑了南方有北方」的取材方法，在地區歷史中就不靈了。當歷史考察的時間跨度縮短，地域界限縮小之後，這種困難就越大。儘管不以別地、異代的事蹟充數，正是地區歷史研究貼近實際的長處，但困難也恰恰出在這裡。例如，北宋時代江西各地開墾速度加快，經濟區域擴展，糧食產量增多。但是，耕地面積、畝產量的一些資料資料卻都只有南宋的，時間間隔過大，不宜拿來當北宋的史事根據，藉以說明當時農業的發展水準。事情的另一面是，因資料缺憾而留下的粗疏，也許比不合適的史事填充更客觀些，對後繼者的研究將產生更真實的啟發。

江西是一個很完整的省級行政區，但是在歷史上有兩頭完整、中間分開的發展過程，即是兩漢的豫章郡、明清的江西布政使司都是管轄著整個江西省境，六朝時期的江州、唐代的江南西

道、宋代的江南西路、元代的江西行中書省，其轄區或大或小，都與江西省境不一樣。我們現在寫江西歷史，涵蓋的地域自然是以今天的省境為限，對歷史上的分轄狀況，首先是說明清楚，其次則是盡可能的統合起來敘述。宋代的江南西路、江南東路，分別管轄著江西省的十三州軍（北宋時期西路管 9 州軍，東路管 4 州軍；南宋時期西路管 10 州軍，東路管 3 州軍）。本書在敘述過程中將十三州軍都包含在內，採用「江西地區」或「江西全境」的說法。若是遇到歷史素材的限制，不可能在西東兩路中進行加減，得出十三州軍的總體狀況之時，則照錄「江南西路」的原始資料。但是，絕不能說這個江南西路「約當今江西」，只能說它反映了大半個江西地方的狀況，因為沒有包含江、饒、信、南康四州軍（超過鄱陽湖以東全部地區）。

「江南西路」所轄十州軍之中，有一個興國軍不屬今天江西省境。興國軍建立於太平興國二年（977 年），轄永興、大冶、通山三縣，從此脫離鄂州，與洪、吉等九州軍同屬於江南西路管轄，由北宋至南宋，直到元朝至元三十年（1293 年）割隸湖廣行省（今屬湖北省），才與江西脫離行政隸屬關係。這個州級行政區在長達三一六年中與江南西路連為一體，與洪州分寧縣、武寧縣山水相連，完全應該在宋代的江西史冊中佔有篇章。然而，由於元代以後的分離，更由於立足現代看過去的觀念所支配，一直沒有注意這三縣的人物與史事，以致寫不出興國軍三縣這段時間的歷史。這個缺憾，只能留待日後彌補。

四

近幾十年來，史學界對宋代歷史的研究非常重視，可謂盛況空前，相關論著以千百數。涉及到江西地方的研究成果，集中在幾個典型名人身上，表現出既多又少，點重面輕的狀態，江西在總體上還不是學界關注的熱點。從一九八〇一到二〇〇三年，國內發表的宋史論文之中，約有八八六篇與江西相關，其中為人物研究的七七八篇，占百分之八十七點八，屬事項的只一〇八篇[7]。人物中共有二十九位，以王安石最多，達三四二篇，占百分之四十三點九五。其後依次為歐陽修（117）、陸九淵（60）、黃庭堅（56）、文天祥（45）、李覯（42）、曾鞏（21）、楊萬里（18）、洪皓（14）、洪邁（12）、謝枋得（11）、晏殊（5）、劉恕（4）、曾布（4）、馬端臨（4）、劉過（3）、江萬里（3）、劉敞（2）、孔文仲（2）、王韶（2）、洪遵（2）、劉辰翁（2）、黃庶、陳彭年、劉攽、曾肇、洪芻、胡銓、歐陽守道各一篇。研究王安石、歐陽修等人的文章特別多，顯然是因為他們在北宋社會上的影響面廣、引起的反響大，尤其是熙寧變法，留給後人的啟迪因時而異，常說常新。學者對這些著名人物的研究興趣，主要不是出於對江西地方的關注，而是就其政治業績或學術成果著眼的。當時江西的大批精英人才，是社會各個領域的重要領導者或參與者，他們的建樹，推動了宋代社會前進，為祖國文化寶庫增

7　據中國宋史研究會編《宋史研究通訊》第 1-44 期彙集的「宋史論文資料索引」統計。

添了珍貴內容。然而，這批精英人才的畢生業績，直接作用於家鄉的不多，因而關於他們的各種闡述，也少有涉及江西社會情狀的文字。

研討社會事項的論文有一〇八篇，分別屬於十九大項，即書院（27）、文學（7）、民眾反抗（4）、義門家族（4）、人口（3）、錢幣（3）、刻書藏書（3）、茶葉（3）、訴訟（3）、銅礦（2）、蠶桑（2）、水稻（2）、理學（2）、水利、手工業綜述、鹽政、鄱陽湖區經濟、信州社會各一篇；考古發掘（38）。在這些項目中的文章，書院一類的特別多，這是書院教育史研究成績斐然的反映，是江西書院教育盛興的必然。白鹿洞等著名書院成為關注的熱點，而更廣泛的縣鄉教育卻少有涉獵。生產門類的文章數量不多，但少有重複，每一篇論述的都是新話題，揭示一個新領域。然而開掘的深度和廣度有限，缺乏系列性的成果，遠不如對精英人物的研究。已有的這些文章，探討了社會多個側面，為後來者的工作奠定了良好的基礎。

有關的專著，幾乎都是人物研究方面的，如歐陽修、王安石、李覯、曾鞏、黃庭堅、陸九淵、楊萬里、文天祥等人的傳記，或他們學術成就的專著。不論是中國學者，或日本、美國學者的著作均是如此。目前僅見的一本例外是，美國學者海姆斯·羅伯特《士與紳：宋代江西撫州的地方精英》[8]，該書的中文譯本正在出版之中。日本學者斯波義信《宋代江南經濟史研究》[9]

8　劍橋大學出版，1986 年。
9　方健、何忠禮譯，江蘇人民出版社 2001 年版。

的前篇・五・3《江西袁州的水利開發》，也是對江西一個地區歷史的綜合討論。前者整本書談宋代撫州，以人物為中心，將社會經濟、文化教育、社會治理都統合起來，使精英的誕生與其活動處於其生活的社會環境之中。後者是該書「局部地區事例」四個中的一個，以宜春在唐代開建的灌溉管道——李渠為中心，將袁州地區的經濟開發事蹟，自兩漢至明清都點到。他們都對所選定的專題進行全面而深入的考察，從宏觀上認識一個地區，將專題做成綜合研究，以專題作切入點，然後擴展其縱橫聯繫，全面發掘其因果內涵，使微觀的題目在宏觀考察中得出帶普遍性的結論。這種研究方法顯然值得重視。

地方歷史研究的基礎在地方。全省各市縣有一大批熱愛地方史的同仁，他們各盡其能，研究鄉土文化，不斷貢獻自己的勞作成果。江西省歷史學會一九八〇年重新成立，連續在南昌、盧山、萍鄉、贛州等地召開學術年會，影響及於全省，吸引與彙聚了許多同志到這個隊伍中來。省史學會先後編輯印刷了《江西歷史研究論文集》、《盧山歷史研究論文集》《王安石研究論輯》、《浩然正氣》（江西人民出版社出版）等，這些交流資料，是大家積極參與研究活動的一部分結果。全省的地名普查、地方誌編纂工作展開以後，有更多的人比較深入地接觸鄉土歷史，獲得編纂歷史資料的經驗。各縣地名志、新縣誌編撰完成之後，不少人繼續搜尋資料，梳理歸納成文，取得了可喜的成果。其中不少篇章是以宋代的人事為探討物件，對進一步拓展江西歷史綜合研究，提供了寶貴的資源。

由於各地區的歷史文化優勢不同，現實工作安排差別比較

大，開展對本地區宋代歷史文化研究的狀況不一致，比較起來，吉安、撫州兩地做得更為出色。吉安有研究與宣傳「廬陵文化」的機構，專力組織學者做研究工作。他們編輯的《廬陵文化》報已出版七十餘期，刊登的文章中有許多是寫歐陽修、劉沆、曾安止、胡銓、楊萬里、文天祥等賢哲，以及宋代吉州社會經濟、文化興旺發達事蹟的。撫州成立了臨川文化研究會，集中人力研究「臨川文化」，宋代的撫州、建昌軍是其研究的地域範圍，已出版羅傳奇、吳雲生《王安石教育思想研究》（江西教育出版社 1991 年版）、吳文丁《陸九淵全傳》（百花洲文藝出版社 1999 年版）、宋友賢《曾鞏傳》（廣東教育出版社 2000 年版）等。

在高等學校中，南昌大學有「江右思想家研究所」，宋代的李覯、王安石、陸九韶、陸九齡、陸九淵、文天祥等是其研究的重要物件。上饒師範學院有「朱子學研究所」，編輯出版《朱子學刊》（黃山書社出版），刊發的研究作品以朱熹為核心，兼及「陸學」等思想家。此外，都昌縣在組織對江萬里開展研究，已出版《江萬里研究》《江萬里研究論文集》；修水縣組織對黃庭堅進行研究，等。

考古學領域的成果，是很重要的一個大方面。幾十年來，江西考古文博界的幾代人，辛勤勞作在田野，一大批宋代的文化遺址（墓葬、窯址、建築等）以及出土文物，通過他們的發掘與研究，揭示了其歷史內涵和學術品位，為歷史研究提供了珍貴的實物素材，補充了文獻資料的不足，有的考古資料糾正了前人記述中的偏差或失誤。歷年來的考古成果集中反映在《江西文物參考資料》、《江西歷史文物》《南方考古》等刊物上，著名的如：景

德鎮湖田窯、吉州永和窯、贛州七裡鎮窯的發掘；德安南宋周氏墓、南豐宋墓、南豐寶岩塔等出土的絲綢、繪畫、瓷俑、鐵龍等文物的研究；劉渙、曾鞏、熊本、張潛、汪澈等近百通墓誌銘的清理，都是重要的考古成果。專題性的考古研究著作有余家棟著《江西陶瓷史》（河南大學出版社 1997 年版），楊後禮、范鳳妹編撰《宋元紀年青白瓷》（莊萬里文化基金會 1998 年版），周迪人等著《德安南宋周氏墓》（江西人民出版社 1999 年版），彭濤、石凡《青白瓷鑒定與鑒賞》（江西美術出版社 2004 年版）等。

　　以上所述的各個方面，有許多都是統合北宋與南宋兩代，在借鑒與參考時需要進行區分。各個方面已有的工作成果，為研究宋代的江西地區奠定了良好的基礎，至少在三個方面是決不能忽視的，一是學術界對宋代社會歷史的總體認識，大家關注的熱點問題以及取得的成果和發展的水準；二是關於江西地區在宋代的發展狀況，人們已經討論了的重要歷史問題；三是對相關史料資訊的把握。資料是基礎，研究的結論來源於客觀真實的史料。資料占有的多少，在相當程度上決定了研究的成敗。掌握的史料越豐富，就越有利於從實際出發，分析它們的來龍去脈，因果聯繫，歸納出合符歷史真實的結論，避免輕率地套框框，得出論與史不符的看法。社會處在不斷演進之中，每一歷史階段上的進步都是相對的，都還存在這樣那樣的落後。研究的任務既要充分展示進步，總結成功經驗，弘揚優良傳統，同時又需恰如其分的揭示問題與不足，指出歷史局限性，以便明確未來的奮鬥目標。江西在宋代正處於經濟文化大發展的時期，有大量令人鼓舞的成就

可寫，然而也有不足和落後的東西，點明和認識這一點同樣有積極意義。

一九八〇年我寫《試論宋代江西經濟文化的大發展》一文，按今天的省境考察宋代的江南東西兩路所轄的江西十三州軍，得出關於人口、生產、文教等社會各方面的基本資料與發展情狀，從而作出相應的評估結論。再從歷史發展中看宋代的江西，估量江西在國家全域之中所處的位置。現在回過頭看，這樣去研究是可以的，但卻十分粗糙，單是一篇短文，遠遠不能夠寫好這個題目。還有，那時也沒有按北宋、南宋的階段差異做考量。此後的二十多年間，我陸續寫了關於人口、家族、行政區劃、農業、手工業、銅礦業、民風風俗以及幾個人物的專題文稿，在一些點上有了相對深入的思考。後來寫出了《江西史稿》（江西高校出版社 1993 年版），大量增加了宋代部分的篇幅，補充了許多具體資料，揭示的側面隨之加多，然而總體上卻仍缺乏系統的研究，不少事項依然是若明若暗，拿不出自己的主見，例如書院與科舉文化的昌盛，究竟在各州縣有怎樣的事實？數以千計的進士來自哪些地方，其地域分布狀況如何？等。這既是個人學力不足，研究不夠所致，也是學無止境的反映。自然，還受一些客觀因素制約。現在的這本《江西通史‧北宋卷》，主觀上儘量想在原有基礎上提高，框架也已經是北南宋分開的，但是曾經遇到的問題並沒有都解決，況且是否解決得確當，也還是疑問。行文之中平鋪直敘的多，精彩的見解與論點卻少。其中的闕失不當之處，依舊在所難免，期盼讀者批評指正。願此書繼續成為後來者的墊腳石。

目錄

第二章｜戶口增多與勞動人口的分布

第三章｜農業生產的發展

第一章 ————

江西的州縣建置
與分路管轄

第一節 ▶ 強化航運控制環境中增建的三「軍」

一 統一戰爭中的江西

1. 北宋王朝的建立

後周顯德七年（960 年）正月，禁軍統帥殿前都點檢趙匡胤在陳橋驛策動兵變，黃袍加身，取代了後周恭帝，改朝代名為宋，史稱北宋，年號改為建隆。

北宋王朝的建立，雖然是以武力威迫禪讓，實際上是社會形勢發展的必然，符合人心要求。從朱溫滅唐，建立梁王朝開始（907 年），中原地區先後建立過梁、唐、晉、漢、週五個王朝（史稱後梁、後唐、後晉、後漢、後周），每個王朝統治時間都很短，到趙匡胤代周建宋，共只五十餘年，時局一直激烈動亂。與此同時，在江南等地先後有吳、南唐、吳越、閩、楚、南漢、南平、前蜀、後蜀、北漢十國，神州大地處於嚴重分裂狀態。幾十年間，五代十國的統治者依靠武力，相互攻掠，割據爭鬥，「大者稱帝，小者稱王」[1]，各霸一方。劇變無常的現實，讓割據者宣稱：「天子，兵強馬壯者當為之」[2]，直率地表達了改朝換代的欲望。整個中國「豆分瓜剖」，兵變時常發生，戰禍造成對城鄉極大的破壞，各種苦難最後都落在民眾身上。久亂思治，社會迫切要求結束分裂割據局面。

1　《新五代史》卷三九《劉守光傳》。
2　《舊五代史》卷九八《安重榮傳》。

後周世宗柴榮統治時期，內部穩定，軍事力量強盛。一方面減輕賦稅，廢罷軍隊的營田，散給民戶作永業田，注意發展農業生產；另一方面發動統一戰爭，率兵西擊後蜀，奪得秦（甘肅天水）、鳳（陝西鳳縣東北）、階（甘肅武都縣東）、成（甘肅成縣）四州；南攻南唐，奪取了淮南江北之間十四州之地。但是，他重病纏身，未能完成統一大業，即告病逝。繼位的是七歲幼子柴宗訓，史稱恭帝。小兒為帝，「主少國疑」，為趙匡胤這位禁軍統帥提供了「兵變」奪權的絕好時機。

趙匡胤不失時機地實現了當皇帝夢，雖說是乘人之危，奪人之國，卻符合歷史潮流，順應了民心，是進步之舉。他不同於以前的竊權者，沒有乘機大肆搶掠財貨，而是和助手們慎密決策，整頓統治秩序，避免新的社會動亂。當時，趙普對擁立趙匡胤的諸將說：

> 興王易姓，雖云天命，實繫人心。前軍昨已過河，節度使各據方面，京城若亂，不惟外寇愈深，四方必轉生變。若能嚴敕軍士，勿令剽劫，都城人心不搖，則四方自然寧謐，諸將亦可長保富貴矣。[3]

把禁止「剽劫」、收拾人心看作奪取政權的首要條件，將穩定統治與「長保富貴」聯繫起來，是趙匡胤集團的共識。正是在

3 《續資治通鑑長編》卷一，建隆元年正月癸卯。

這個創建政權的國策指導下，趙匡胤黃袍加身之時下令：

> 近世帝王，初入京城，皆縱兵大掠，擅劫府庫，汝等毋得複然，事定，當厚賞汝。不然，當族誅汝。[4]

趙匡胤克服了藉兵變而搶掠的惡習，以厚賞換來諸將的擁戴，達到了安定民心，穩定統治的目的，終於結束了五代王朝的短命現象。

北宋政權面臨的首要大事，一是繼續完成統一戰爭，二是加強君主專制集權統治。對統一戰爭確定的方略是先南後北、先易後難，即先攻取南方幾個王朝，積蓄財富，然後攻打太原的北漢，避免一開始就與強敵契丹交鋒。建隆三年（962年）宋軍攻占江陵（湖北江陵）、潭州（湖南長沙），併吞了荊湘，掌握了統一南方的軍事主動權。乾德二年（964年），以幾萬軍隊伐蜀，後蜀主孟昶隨即投降。人們發問：蜀軍「十四萬人齊解甲，寧無一個是男兒」？[5]為什麼不能對數量更少的敵軍組織抵抗呢？這是後蜀統治衰敗的證明，也是統一事業得人心的反映。

開寶四年（971年），宋軍攻入廣州，滅南漢。東南一隅已

4　《續資治通鑒長篇》卷一，建隆元年正月甲辰。

5　孟昶投降時，其妾花蕊夫人亦相隨入宋後宮。太祖趙匡胤命她賦詩，她即誦曰：「君王城頭豎降旗，妾在深宮那得知。十四萬人齊解甲，寧無一個是男兒。」見王士禎《五代詩話》卷八《花蕊夫人》，人民文學出版社1998年版。

在宋軍大包圍之中，滅亡只在旦夕。開寶八年（975 年），金陵（江蘇南京）城破，李煜出降。太平興國三年（978 年），據有漳、泉二州的陳洪進、吳越國王錢俶，逼於形勢，都主動「納土」、「歸地」，向北宋投降稱臣。

太原的北漢小朝廷，因得到契丹軍隊支援，在開寶二年（969 年）曾迫使宋軍退兵。太平興國四年（979 年），宋太宗借統一南方的政治威勢，親率大軍圍攻太原，北漢守軍力竭出降。至此，結束了五代十國的分裂局面，相對的統一形勢穩定了下來。

關於強化專制集權統治，主要是採取削藩鎮，收兵權，收財權等措施，達到了加強朝廷中央，削弱州縣地方的目的，最終杜絕了武將奪權的鬧劇再度發生。

2. 南唐遷都與敗亡

宋軍向南推進，使南唐中主李璟十分恐慌，急於遷都，他說：「建康與敵境隔江而已，今吾徙都豫章，據上流而制根本，上策也。」[6]群臣對此「上策」多數不贊成，只有樞密副使唐鎬等人表示支持。前方形勢越來越嚴峻，李璟遷都的心情於是更迫切。交泰二年（959 年）十一月下令把洪州升為南昌府，稱作南都。接著派官去操辦籌備事務。建隆元年（960 年）十一月，傳來開封宋軍訓練水上作戰的消息，李璟「懼甚」。這時，又有彭澤縣令薛良投奔宋朝，「且獻平南策。唐主聞之，益懼」，「遂決

遷都之計。」[7]

建隆二年（961 年）二月，李璟從建康起程，溯長江向南昌進發。他留下太子從嘉（即後主李煜）鎮守金陵，自己率六軍百司浩浩蕩蕩而來，凡千餘里不絕。船至當塗，大擺宴席。及至江州，群遊廬山寺觀，遍覽勝景，賦詩談宴，十餘天方才離去。開先寺是李璟遊覽的重點。當時他「弭節雍容」的畫像，以及用過的榻都被僧人保存下來[8]。三月，到達南昌。李璟的朝廷文武百司、大批官僚及隨從人眾，一下子全湧進南昌城內，而「城邑迫隘，官府營廨，十不容一二，力役雖繁，無所施巧，群臣日夜思歸」[9]。李璟自己也很失落，「退朝之暇，北望金陵，恒鬱鬱不樂」。暫時還沒有追兵的流亡生活，使李璟君臣上下情緒極壞，遂覆議東遷。未及行而李璟發病不起，於 6 月死去。遺囑留葬西山，但是後主李煜不贊成，迎梓宮還金陵。南都先是由李璟的弟弟韓王從善為留守，後改由鄧王從鎰繼任[10]。南昌作為南唐的都

7 《續資治通鑑長編》，卷一建隆元年十一月庚申。

8 黃庭堅：《南康軍開先禪院傳造記》：「及中主作洪都，蓋嘗弭節雍容，故榻與畫像存焉」。《山谷集》卷十八，四庫全書本。

9 《續資治通鑑長編》卷二，建隆二年三月。

10 據《撫樂雲蓋鄉南濟宣城能安公房族譜》「源流總圖」載，鄧王從鎰的長子李衡，善詞章，襲封甯國公，開寶八年南唐滅亡之際，「挈家宵遁，倍道趨臨江（軍）新淦登賢鄉之桃溪金水渡，卜築而居。未逾年，宋太宗嗣位，以後主所制《過澗歇》詞，因其中語多不平，遂疑出自公筆，特命窮唐宗嗣。公乃匿原姓李，從父封鄧王，易姓鄧，以所封宣城為郡，星居隱遁，以避捕。」此後，這支鄧氏家族繁衍起來，發展開去。

城，前後約四個月，而其南都的建制，則維持到開寶八年（975年）宋滅南唐為止。

在李璟統治的十多年裡，南唐政局實際上已為宋朝控制，而李煜繼位之後，而精力主要集中在敬佛誦經上面。他在宮苑造寺禮佛，一班官僚或趨附談佛法，或佞道信鬼神。又納周氏為皇后，傾心聲色，留情樂府，歌舞竟日，厭倦軍國大政。開寶三年（970）南都留守林仁肇提議乘宋軍連年征戰，往返數千里，已經疲憊的時機，讓他率兵收復淮南舊地。李煜害怕事功不成，反而速招敗亡，不聽。宜春人盧絳，曾讀書廬山白鹿洞國學，後去金陵，上書論時政，得到樞密使陳喬的賞識，用為樞密院承旨，遷沿江巡檢。盧絳召募丁壯，組建水上兵勇，獻計攻滅吳越錢氏，消除異時誘導宋軍進犯的禍根。可是，李煜認為錢氏已是「大朝附庸，安敢加兵」，也不採納。後來事態發展證明，盧絳的預見是對的。

宋朝已深悉李煜怯懦無能，放手剪除礙事的江南守臣。南都留守林仁肇力主抗擊宋軍，趙匡胤遂決計先除掉林仁肇。他向南唐使者說：林仁肇已歸降，送來自己畫像作憑信。李煜得報，「鴆殺仁肇」。樞密使陳喬曾說：「令仁肇將外，吾掌機務，國雖迫蹙，未易圖也。」及仁肇死，喬歎曰：「事勢如此，而殺忠臣，吾不知其死所矣。」[11]

---

11 馬令《南唐書》卷十二，《林仁肇》。又《續資治通鑑長編》卷十三，開寶五年閏二月癸巳。

開寶七年（974 年）十一月，宋軍從潭州進入南唐西界，攻萍鄉，萍鄉制置使劉茂忠擊敗宋軍，升為袁州刺史，掌握著南唐西部地區的軍政大權。劉茂忠，吉州安福縣人，熟悉贛西的山河地勢以及社會民情，可能因地制宜決策，組織軍民奮力防守。然而，金陵方面已經難守。

宋軍圍困金陵累月，後主急召駐守湖口的神衛軍都虞候朱令斌入援。朱令斌帥軍十萬，守護金陵上游地區，保障京城糧餉供應，不敢輕易挪動。部將請乘江水上漲速下，令斌卻顧慮後面被宋軍占據，如若不能速勝，則「糧道且絕，其為害益深」。他要求南都留守柴克貞代替他鎮守湖口。但是，柴克貞正臥病不能前行，他也就遷延時日，不敢東下金陵。

後主無奈，一面緊催援兵，一面與宋會談，圖謀緩兵。道士周惟簡，鄱陽人，後主曾召他進宮講《周易》，發現他「有遠略，可以談笑弭兵鋒」。於是命周惟簡與徐鉉同往汴京。他倆對趙匡胤說：「李煜以小事大，未有過失，奈何見伐？」趙答：「爾謂父子者為兩家可乎？」兩人不能對。他們反覆數次去談，徐鉉竟至「聲氣愈厲」。趙匡胤按劍，怒曰：

「不須多言，江南亦有何罪，但天下一家，臥榻之側，豈容他人鼾睡乎！」[12]

「臥榻之側豈容他人鼾睡」，這是句名言，充溢著帝王的霸氣，是趙匡胤攻滅十國的精神支柱。李煜的所謂「弭兵」策略，

12 《續資治通鑒長編》卷十六，開寶八年十一月辛未。

沒有自強振起的實際，不以軍事實力作後盾，只是徒勞。

開寶八年（975 年）十月，朱令斌不得已自湖口率軍東援。他在湖中結縛大筏，長百餘丈，裝載從江西各地徵集的軍糧、器用物資。兵士乘戰艦數百艘，大者每艘容千人，號稱十五萬大軍，順流而下，直趨採石。但是，當時長江水淺，不利於大筏巨艦航行。朱令斌進至虎蹲洲，見宋軍於洲渚間多立長木，若帆檣之狀，疑有伏兵，即稍逗留。他所乘艦獨大，高十餘重，行駛不便，遭宋軍集中兵力攻打。令斌縱火拒鬥，宋軍不能支持。忽然風向倒轉，反焰自焚，水陸諸軍不戰皆潰。「令斌惶駭，投火死」[13]。糧米戈甲俱被燒毀，煙焰不止者約十日。援軍慘敗，金陵隨即陷落，南唐亡。李煜及其子弟宗屬等全都押赴汴京，宋太祖封李煜「違命侯「，軟禁在京城內。

廬陵人劉洞，曾向後主李煜獻詩，未得賞識。宋軍圍金陵，將破，他仍在城中，寫詩於路傍曰：「千里長江皆渡馬，十年養士得何人？」其實南唐並非無人，而是缺乏趙匡胤式的主宰者。

3. 李煜的怨悔與江州的抗戰

宋軍攻圍金陵之際，曾遣使威迫沿邊郡縣投降，使者至江州彭澤縣，縣令欲降，而主簿吳舉堅決反對，以大義說服縣令，「乃共殺使者，為煜守」。[14]然而，李煜自己精神不振，辜負了臣

13　《十國春秋》卷三十《朱令斌傳》。《續資治通鑒長編》卷十六，開寶八年十月己未：「生擒令斌及戰棹都虞候王暉等，獲兵仗數萬。」
14　《歐陽修全集‧居士集》卷三五《零陵縣令贈尚書都官員外郎員吳君墓碣銘》。

民的期望。他在品嘗了囚徒生活之後，返思昔日的豪侈安樂，生在帝王家，自然而然當皇帝，既不懂治國，更不識兵戰，被圍危城，仍在宴樂場中，怎麼不亡？他寫道：

四十年來家國，三千里地山河。鳳閣龍樓連霄漢，玉樹瓊枝作煙蘿。幾曾識干戈！一旦歸為臣虜，沈腰潘鬢消磨。最是倉皇辭廟日，教坊猶奏別離歌。垂淚對宮娥。（《破陳子》）

假若李煜有指揮軍隊打仗的經歷，假若他在金陵城頭上率眾抵抗……這些都是不可能有的。歷史的真實是，他不顧滅頂之災，仍與宮娥酣歌漫舞。如今他只能在汴梁遐想往事：「故國不堪回首月明中，雕欄玉砌應猶在，只是朱顏改。問君能有多少愁，恰似一江春水向東流。」（《虞美人》）

他有無窮的愁思，「剪不斷，理還亂」，不時發出感歎：

「無限江山，別時容易見時難。流水落花春去也，天上人間。」（《浪淘沙》）[15]

李煜的怨悔，是一代帝王轟然覆沒的餘音，給後代留下了一段難得的人生教訓。不幸之中也有一幸，李煜是難得的詞人，由帝王到囚徒的劇變，使他的詞跳出脂粉伶工的局限，有了全新的境界，這些哀怨的詞作，竟成了歷史的絕唱。然而，他的感慨，

---

15 李煜的詞，均見趙仁珪主編《唐五代詞三百首》，吉林文史出版社，2002 年版。

仍然只是他個人的境遇，絲毫不及其他臣民。在這次改朝換代之際，江州的命運最慘。

宋軍於十一月庚辰在湖口打敗萬餘南唐軍，獲戰船五○○艘，乘勢圍攻江州城。開寶九年（976年）四月，江州被攻陷，全城數萬人被殺。先是，李煜出降，又手書命郡縣悉降。江州指揮使胡則據城堅守[16]。江州刺史欲降，胡則反對，並與牙校宋德明聯合，率眾攻殺了刺史，再全力守城。宋軍在曹翰指揮下攻城，自冬至夏，城未破而死者甚眾。後胡則病重，防守削弱。月四丁巳，城被攻陷，江州民眾仍奮力巷鬥，誓不退卻。此時胡則僵臥床上，被俘，遭曹翰腰斬。曹翰又下令拆除城牆七尺，使江州以後無城可守。

當時隨曹翰入城的宋朝江州知州張霽，懲治了搶掠民財的曹翰軍士。曹翰惱恨民眾控告了其軍兵，遂以江州軍民守城抗拒為由，發怒屠城，以為報復。於是，「死者數萬人，取其屍投井坎，皆填溢，餘悉棄江中。」一座江防重鎮，頓成死城。

城中之人被殺得「民無噍類」，全完了，他們的家財隨即被搶光，「民家貨貲巨萬，皆為翰所得。」曹翰為了將巨額財寶運走，想出了一個掩人耳目的辦法：「翰因請載廬山東林寺五百鐵羅漢像歸，至潁州新造佛舍。遂調發巨艦十餘艘，盡載金帛，置

---

16 此據馬令《南唐書》卷十七《胡則》。《續資治通鑑長編》卷十七，記
　　作「軍校胡則」。

鐵像於其上，時號為『押綱羅漢』。」[17]殺人劫財者要造佛舍，以示慈悲！阿彌陀佛，主張慈悲為懷的佛教被劊子手當成了罪惡的遮羞布。

當時有人針對胡則拒守而遭屠城之事，散發傳單說：「由來秉節世無雙，獨守孤城死不降。何似知機早回顧，免教流血滿長江。」[18]這位作者痛惜數萬生靈，表彰秉節之士是好的，但不去討伐屠城者，卻責怪堅守者未出降，則是對殺人狂的寬容。面臨兇殘之敵而選擇投降，不可能改變「押綱羅漢」之流的屠殺。如果浩然正氣不要了，只留下屈服的奴氣，這個民族就絕沒有希望。

江州受到的摧殘，還不僅只此，民戶的田地房屋也被霸佔。兩年後，宋太宗趙匡義為了安撫悲憤怨恨中的民眾，曾詔令退還田宅：

> 初，曹翰屠江州，民無噍類，其田宅悉為江北賈人所占有。詔州長吏訪尋其民之鄉里疏遠親屬給還之一。知州張霽受賈人賂，為隱蔽，不盡與民，民訴其事。戊寅，霽決杖流海島。[19]

這條詔令，證明城中居民確實被殺光，故而只可能尋訪其

17　《續資治通鑒長編》卷十七，開寶九年四月辛亥。
18　《五代詩話》卷十《江州墜紙》。
　19　《續資治通鑒長編》卷十八，太平興國二年五月戊寅。

「鄉里疏遠親屬」。昨日的張霽，懲治了打搶的兵士，如今卻因包庇占人田宅之罪，被決杖流放。宋太宗對張霽絲毫不寬容，卻對屠殺數萬人、搶劫全城並禍及廬山寺廟的曹翰，不予追究。如此不公，意在何處？也許認為曹翰的殺戮，是在消滅臥榻旁邊的「他人」，對其奪天下有功；處罰張霽則是安撫「自家」的臣民，用意還是在天下，不過已經由「奪取」進到「坐穩」的階段。

江州軍民誓死守城的表現，北宋朝廷既恨且畏，事後仍對鄉民徵取重稅，並駐兵屯守此地。一百多年以後的南宋時候，人們仍記得此事。江州德安縣人王阮賦詩曰：

天下雖同擾，江西又不伴。宿師惟此地（原注：江南獨此屯戍），履畝倍他州（原注：曹翰平江州，獨用偽唐全稅）。

諸將紛紛是，有司日日捨。文符競旁午，膏血罄誅求。[20]

王阮生活在南宋中期，是江州當地人，說不定其祖上曾經深受其害，所以對北宋初年事記憶猶新。江州百姓在改朝換代時期所受的災禍，可見影響深遠。這個江湖交匯的要津地帶，將來恢復生產的艱難，也由此可以想見。

二 南康軍的設置與對江湖咽喉的制約

宋朝強化專制集權統治，不僅是收兵權，削藩鎮，集財權，

---

20 王阮《義豐集》，卷一《上九江唐舍人文若五十韻》。四庫全書本。

還對行政區劃進行調整，使其更趨嚴密，對地方有更強勁的控制力度。宋初，將唐朝的「道」改為「路」，路的數量增多，而其轄區縮小。每路之中設置轉運使、提點刑獄、提舉常平等「監司」官員，既互相制約，又合力增強對所轄州縣的監督。各地的州、軍與縣級行政區都有增置，整個區劃體系日趨完密，朝廷對地方的統治力度空前增強。

江西地區的行政區數量比唐代明顯增多，這是江西地區的人口繁衍，生產旺盛的結果，同時專制統治日益強化的證明。由於州縣賴以建立的經濟基礎更加堅實，所以州縣數量雖然眾多，卻都能穩定地向前發展，沒有重複出現「立而又廢」的曲折變化。首先增建的一個州級行政區是南康軍。太平興國三年（978年），以星子鎮置星子縣。星子鎮位於盧山東南麓，都陽湖北端西岸，隔水與都昌相望。五代楊吳大和年間（929-935 年）立星子鎮，隸江州潯陽縣。南唐保大年間（943-957 年）潯陽縣改名德化，星子鎮屬德化縣。宋軍攻湖口，曹翰屠江州，幾年的激烈戰亂，使近在咫尺的星子鎮遭受巨大的破壞性影響。然而，它在都陽湖狹長頸部「負山襟湖」的戰略位置不變。所以，在戰爭創傷還沒有痊癒的時候，就有了建立星子縣的決定。執掌星子鎮市征的孔宜奏曰：「星子當江湖之會，商賈所集，請建為軍。詔以為縣，就命宜知縣事，後以為南康軍。」[21]很顯然，宋太宗看重的不是該鎮的人口數量與物產多寡，而是它「當江湖之會」的區

　21　《宋史》卷四三一《孔宜傳》。

位優勢，著眼於強化鄱陽湖航道出入口的控制。依《宋史·地理志》，星子由鎮升格為縣僅只四年之後，即於太平興國七年（982年），以星子縣建南康軍[22]，提高了它的行政權力，擴大了其統轄地域。

「軍」，本是唐朝的藩鎮，又稱方鎮，以節度使統轄，兼及附近的州縣，是一個軍事鎮守的大區域。後來設節度使的軍越來越多，它們的轄區與權力相應縮小，職責與州刺史無異。歐陽修說：五代、宋朝皆因襲舊制，「以軍目地，而沒其州名。又今置軍者，徒以虛名升建為州府之重」[23]。即是以軍的名號代替州，增重其位望，實際上就是州級行政區，不再是軍鎮。

南康軍下轄星子、都昌、建昌（今永修）三縣，等級同下州。都昌縣位鄱陽湖東岸，於太平興國七年由江州割來；建昌縣在星子南邊，同年由洪州割來。鄱陽湖北端的兩岸三縣統合為一個州級行政區，完全控扼住了進出江西的航運交通，成為「南國咽喉，西江鎖鑰……為江右之門戶」的形勝要地，其政治、經濟、軍事諸方面的意義均極緊要。因此，南康軍儘管境域不大，人口只有二六〇〇〇多戶[24]，經濟實力不強，「土瘠民貧，賦稅、訟獄不能當大郡十一」，但是位置有戰略意義，它枕山面湖，地當要津，具有「山川形勝甲於諸郡」[25]的優勢，歷來受到

22　《續資治通鑑長編》卷二三，記南康軍建立為該年二月丙寅。

23　歐陽修：《新五代史》卷六〇《職方考》。

24　王世懋：《饒南九三府圖說》，《叢書集成初編》本。

25　樂史《太平寰宇記》卷一一一載，當時南康軍戶 26,948，平均每縣僅

社會重視，自始至終是江西行政區系列之中的重要環節。

三　南安軍的設置與大庾嶺路的整治

南安軍，同下州，治大庾縣，轄大庾、南康、上猶三縣，淳化元年（990 年）正月建立。這三個縣位於贛江西支章水沿線，控扼著贛江航道與大庾嶺上梅關驛道的駁接交通。此前這三縣均由虔州管轄，現在分離出來，組建為州級行政區，正是為了增強對這段交通要衝的管理。

梅關驛道自張九齡於開元四年（716 年）開拓一次，比較暢通了。北宋統一，嶺南完全在掌握之中，這條通道在南北聯繫中的巨大作用日益受到重視。引發建立南安軍的直接動因，則是廣鹽運銷嶺北、百姓群體私販食鹽的問題。宋朝政府規定，江西為淮鹽銷售地區。但是，淮鹽經過長途運輸，綱吏舟卒侵盜販鬻，虧損嚴重，從而雜以沙土湊數，待運到虔州以後，已經「鹵濕雜惡，輕不及斤，而價至四十七錢。嶺南盜販入虔，以斤半當一斤，純白不雜，賣錢二十，以故虔人盡食嶺南鹽」。還有福建的汀州，緊鄰虔州，也要依賴嶺南鹽，是以「二州民多盜販廣南鹽以涉利。每歲秋冬，田事才畢，恒數十百為群，持甲兵旗鼓，往來虔、汀、漳、潮、循、梅、惠、廣八州之地……歲月浸淫滋多，而虔州官糶鹽歲才及百萬斤」[26]。老百姓對官府鹽政的反抗

8,982.6 戶。

26　《宋史》卷一八二《食貨下四》。

行為，既減少了宋廷的賦稅收入，又危及到眾多州縣的社會治安。北宋統治者記得很清楚，不久前這裡曾經是「中天八國王」張遇賢武裝控制的地方。所以作為對策之一，便是建立南安軍，提高當地官府的統治權威。史稱：

> 太平興國中，（楊允恭）以殿直掌廣州市舶。自南漢之後，海賊子孫相襲，大者及數百人，州縣告之。允恭因部運入奏其事，太宗即命為廣、連都巡檢使。又以海鹽盜入嶺北，民犯者眾，請建大庾縣為軍，官榷鹽市之。詔建為南安軍，自是冒禁者少。[27]

前此的大庾縣，遠離虔州，界連廣東，必定是控制鬆弛。現在就地設軍，並將毗連的上猶、南康二縣從虔州割隸過來，集中管制贛江與大庾嶺水陸聯運交接地區，統治效果便明顯擴大了。

對策之二是，劃南安軍三縣為廣鹽銷售區，虔州仍為淮鹽區。這是承認客觀事實的明智讓步，既預設了百姓的需要，又照顧了淮鹽利潤「視天下為最厚」的實際，沒有過多地侵削其行銷地盤。

將嶺南與嶺北通道的咽喉地區置於南安軍的控制之下，運輸官物的新政策隨之推行。大約在南安軍建立不久，宋太宗命供奉官劉蒙正前往嶺南，規劃運輸香藥入汴京。劉蒙正實地考察之

後，奏報「請自廣、韶江溯流至南雄，由大庾嶺步運至南安軍，凡三鋪，鋪給卒三十人，複由水路輸送。」[28]海外諸國進口的香藥，從廣州上岸，沿北江溯流至韶州，折入湞水至南雄縣，經三鋪陸運，翻越大庾嶺而達大庾縣，複由水路，自章水入贛江，經鄱陽湖，東下長江，至揚州轉入運河而達汴京。這條運輸線路，或稱之為廣南貨物運輸入京的方案，得到批准實行，並長期堅持至於近代，成為中原與嶺南的交通大動脈，對沿線眾多州縣城鎮經濟的興旺，影響極為深廣。

四　臨江軍的設置與贛中物資轉輸

臨江軍，治清江縣，轄清江、新淦、新喻三縣，建立於淳化三年（992 年）。臨江軍位於贛江中段，袁水自西來會，是贛中地區的又一個行政中心區，水陸交通的樞紐點，官民過往與物資運輸的集散地。這個地區統治力量的強弱，對漕運安全，關係極大。所以，宋太宗批准江南轉運使張鑒的建議，在此曾置臨江軍。《宋史・張鑒傳》稱：張鑒巡視至此處，建議「割瑞州清江、吉州新淦、袁州新喻三縣置臨江軍，時以為便。召還，特被慰獎[29]。」清江、新淦這塊地方，在江西腹心地帶，四通八達，歷來受到社會的重視，五代楊吳、南唐都在這裡設過制置使，清

28　《宋史》卷二六三《劉蒙正傳》。
29　《宋史》卷二七七《張鑒傳》。此處稱瑞州不妥，應為筠州。南宋理宗寶慶元年（1225），避理宗趙昀名諱，才改筠州為瑞州。

江建縣時不隸州，曾直接隸屬鎮南軍節度使，正是這兩朝政府強化對這個地區政治統治的反映。北宋設臨江軍於清江縣，使這種政治需求固定下來，更具有制度性的持久意義。南宋前期，守侍御史汪澈言：「江西歲以筠、袁二州民苗米，令赴臨江軍輸納。」[30]可見，臨江軍不僅能有效地控制贛江航運，而且有利於贛西袁州、筠州地區的財賦安全轉輸。

贛江航道的安全問題，素來為社會所關注。由於航道上的貨物運輸繁忙，而城鄉間生活無著的人又多，故有鋌而走險者，在航道上為盜賊，劫掠過往舟船。臨江軍建立之後，以增強航道管制為職責。鑒於贛江舟船被劫的事時常發生，漕運因為「沿江多賊」而困擾，宋太宗派楊永恭督江南水運。他沿途剿捕盜賊，「行及臨江軍，擇驍卒，挈輕舟，伺下江賊所至，夜發軍城，三鼓，遇賊百餘，拒敵久之，悉梟其首」[31]。楊允恭的這次捕盜行動，廝殺得很劇烈，竟有一百多武裝盜賊在這裡與官軍對敵。

南康、南安、臨江三軍在宋太宗統治初期接連建立，是對鄱陽湖—贛江航道北、南、中三段各設下一個政治據點，也就將航道全線嚴密控制了起來，不僅有利於對江西地區的統治，更有利於對江西以及嶺南財富的攫取。這三個軍的轄區都比較小，只轄三縣，和下等州相同，因其所處位置十分重要，有力地保障著交通大動脈的安全，在加強政治統治同時，客觀上增進著政治、經

30　《宋會要輯稿》食貨九之十，紹興三十年十一月三日。
31　《宋史》卷三〇九，《楊允恭傳》。

濟、文化交流，加速了地方社會發展。政治與經濟相互為用的規律，在這裡得到例證。

第二節 ▶ 析建新縣——經濟區域的擴大

一 持續增置的十二縣

江西地區繼五代增建了大批新縣之後，北宋又新建十二個縣，全境已有十三州軍六十五縣，行政區劃整體上已臻於完密。

南康、南安、臨江三軍的設立，朝廷的著眼點主要是增強對贛江—鄱陽湖航道的控制，保證南北交通大動脈暢通，漕運江南財富安全順利。接著增加新的縣級行政區，則主要是適應生產發展，經濟區域擴大的需要。從太宗太平興國三年（978年）開始，至徽宗崇寧二年（1103年）的一百多年間，陸續增建了十二縣，它們是：

星子（978年）、會昌（980年）、新昌（今宜豐，981年）、新建（981年）、興國（982年）、分宜（984年）、安仁（今余江，988年）、金溪（994年）、永豐（1054年）、萬安（1071年）、永豐（今廣豐，1074年）、進賢（1103年）。

這十二個新縣中的前八個，和南康、南安、臨江軍一樣，都是在太宗時期的十幾年間所建，再次表明太宗對強化統治、夯實政權基礎的迫切欲望。此外，這也是江西地區從南唐以來開發加速，新的經濟區域成長起來，客觀需求官府管理跟上，故而強化統治的意願能夠很快在這裡兌現。

這些新縣的位置，大致上是北部三縣（星子、新建、進賢）；西北部二縣（新昌、分宜）；東北部二縣（安仁、永豐）；中東部三縣（金溪、永豐、萬安）；南部二縣（會昌、興國）。如此分布格局，顯示著開發正向四方推進、經濟水準漸趨均衡的氣象。就經濟區的整體而言，是順著由北向南推進的趨勢發展。

新縣之中有七個是複置。當地在六朝時期曾經設過縣級政區，到了隋唐時期被廢罷，降格為鎮，併入附近的郡縣。經過較長時間的恢復發展，重新興旺起來，於是再由鎮升格為縣。例如：新昌縣，曾在三國吳、南朝梁、唐朝初年三次設為宜豐縣，北宋初是繼唐武德八年（625 年）之後的第四次，從高安縣析出，以鹽步鎮為核心建立的。廢了三百五十多年之後重新建縣，故定名新昌。

興國縣，三國吳統治時期曾經設平陽縣於此處，西晉改名平固縣，至隋開皇九年（589 年）併入贛縣。有三百多年歷史的平固縣，廢並了約四百年之後，至太平興國七年（982 年）再次重建。新縣以年號為縣名，仍從贛縣劃分七鄉，加上盧陵、泰和的部分地區，設縣治於瀲江鎮。

安仁縣，這裡在西晉時設晉興縣，後改名興安縣，不久廢入餘干縣，降為晉興鄉。南朝宋，以晉興鄉設安仁縣。隋開皇九年（589 年），再廢為餘干縣轄的晉興鄉。唐末，晉興鄉升為鎮。北宋初年，晉興鎮改為安仁場。該場位於信江入鄱陽湖的衝要地段，上控閩浙，下襟江湖，航運商貿比較旺盛，至太宗端拱元年（988 年）升安仁場為縣。

新建縣，位南昌縣西部，唐武德五年（622 年）在此設西昌

縣，縣治在石頭津。三年後廢入豫章縣。南昌是江西地區的首府重地，發展比別處更快，轄地廣，鄉鎮多，至太平興國六年（981年），再次劃出西邊的十六個鄉置縣，定名新建，意為「取南昌舊地而新建之」，縣治仍為石頭津[32]。

進賢縣，在南昌東南部，三國吳於此設鐘陵鎮，後升為鐘陵縣。南朝宋、齊時代廢鐘陵縣，梁、陳時恢復。隋文帝將鐘陵縣併入豫章縣（南昌縣改名）。唐初，再設鐘陵縣，武德八年（625年）又降為進賢鎮，仍隸屬豫章縣[33]。經過約四百年的開發，至宋徽宗崇寧二年（1103年）升進賢鎮為縣。割南昌縣四鄉、新建縣二鄉為其轄地。

萬安縣，位贛江中上游交接區，縣治設於吉州至虔州交接處的贛江邊，三百里險灘的北端第一灘惶恐灘即在此處，由嶺南北上的客貨船只，到達萬安便進入平緩的安流航段；反之，逆流南下的舟船至萬安，心裡便惶恐憂慮，全賴當地篙工的技藝與勇氣了。此灘本名「黃公灘」，是蘇東坡將它更名「惶恐灘」。東漢獻帝時於此地置遂興縣，三國吳改遂興為新興縣，晉恢復舊名。

32　此據《新建縣誌》（1991年版）。但是，樂史《太平寰宇記》卷一〇六，記作「割南昌水西一十四鄉置新建縣，仍於州城升平裡故偽將林仁肇私第充縣廨署。」樂史此書寫於當時，所述事項詳明具體，當時人記當時事，應是可信的。石頭津在城外贛江邊，是南昌水路交通要津，即古書上的石頭浦（渚），也許人們不把它看作南昌遠郊，故説新建與南昌「分治郭下」。而縣誌記載明洪武三年（1370年）才將縣治由石頭津遷入城內。二者的差異緣由，待考。

33　寶應元年（762年），避代宗李豫名諱，改豫章縣名為鐘陵縣。德宗貞元間，鐘陵縣改名南昌縣。

隋開皇九年（589年）廢遂興縣，轄地併入泰和縣。南唐保大元年（943年）置萬安鎮，宋熙寧四年（1071年）升鎮為縣，割龍泉（遂川）、泰和、贛縣三縣地為其轄區。

永豐縣（今廣豐縣），位江西東北角，與浙江、福建接界。唐武德四年（621年）於此立永豐鎮，隸上饒縣。乾元元年（758年）置信州於上饒縣，同時從上饒縣析出永豐鎮置永豐縣。元和七年（812年）撤永豐縣，轄地仍併入上饒，依舊為永豐鎮。經過二百多年的發展，至宋神宗熙寧七年（1074年），再升永豐鎮為縣。於是，江西有兩個永豐縣，一個隸屬吉州，一個隸屬信州一直沿用到民國初年，信州永豐才改名廣豐縣。

上列各縣都經歷過多次置廢曲折，有著共同的興衰原委：起伏不定的變動是在魏晉南北朝，下延至唐朝初年，而恢復與發展則是在相對穩定的時代。它們起始設縣之時，憑藉著兩漢以來的開發根基，然而六朝的大局不穩，頻繁出現戰亂，城鄉摧殘日甚，遂至經濟衰退，基礎削弱，故而被廢並。當時局好轉，有了重建家園的社會環境，這些原已開發過的基地有更大的人口吸引力。隨著眾多的勞動力到來，使其經濟加快復甦，重新成為本地比較繁盛的中心區，具備了建立縣治的物質基礎，遂能再次設縣。

二　永豐等縣建立的社會經濟緣由

行政區劃是在強化管理、實現中央對地方統治暢通的需求下產生的。換句話說，區劃為了行政，國家要實現統治，必須分塊治理。然而，某一個地區是否設行政區，根本上取決於它的經濟

狀況，看它有沒有經濟價值，有多大的價值。對地區經濟價值的評估，關鍵條件是人口數量與生產開發程度。凡是經濟條件不具備的地區，不會設行政區；經濟狀況衰退了，行政區就將撤銷或降低級別。反之，則會增設，乃至提高其行政等級。北宋江西地區在南唐之後，繼續大批析建新縣，正是由於經濟大發展的結果，建縣的直接動因都是經濟。最突出的事例是吉州轄下的永豐縣。

永豐縣，至和元年（1054 年）十月以報恩鎮為中心建縣。該地原是吉水縣轄區。由於生產開發迅速，不得不分建新縣。首任知縣段縫《建縣記》中寫道：

至和元年十月一日有詔，以吉州吉水縣五鄉書社之民三萬有五千家為永豐縣，以昔之報恩鎮為治所。按吉水之為邑，自太平興國至至和初，尤為諸邑劇，丁糧之繁，賦輸之夥，疆理之充斥，訟訴之紛紜，為州與縣者常病之。茲者特請於朝，得有此詔。[34]

從太平興國到至和初年只有七十年，在這期間吉水縣的生產開發比別縣快，人丁多，田地廣，賦稅量激增；各家的耕地互相

---

34 光緒《江西通志》卷六八《廨宇二》。歐陽修《瀧岡阡表》碑陰《世譜圖系》，寫建縣時間為「仁宗至和二年」。這可能是下詔之日與執行兌現之間的差距。

穿插，由此引起的利害糾紛頻繁出現。吉水知縣、吉州知州兩級
地方長官為審理這些訟案，勞累疲乏而頭痛，很難實現有效的治
理。這一切都是由於土地充分墾闢，耕地作為財富主要象徵的價
值提高，故而土地所有權的轉移加速。追求發家致富必然兼併土
地，而土地頻繁易手就會田界交錯，兼併越是劇烈，爭奪土地的
訴訟就越多。因財產激發的社會矛盾加劇，州縣官的日子便清閒
不了。

解決矛盾的唯一出路，就是析建新縣。一個縣拆分為兩個
縣，各自維護較小地域的封建統治秩序，就近嚴加管理，調節社
會經濟關係，可能更有效地徵收到大量的賦稅，使地方得到安
寧，並加速發展。當時分割的地域為吉水縣東南部的五個鄉，人
口計三點五萬戶。割取的這一塊，是很大的一個經濟地域。與唐
代比較，天寶元年（742 年）吉州全境五縣共計戶數只有三點七
萬餘，而這時的吉水縣下降為鎮。後來複為縣，再降為場，直到
南唐保大八年（950）才又升為吉水縣。此後吉水的農業穩定上
升，人丁興旺，故而出現地大人眾、極難治理的弊病，被迫分戶
拆地，一次即分割出一個永豐大縣。

萬安縣是贛江航道上的重要碼頭，它的建立，主要是因贛江
航道暢通，過往舟船增多所致。唐開元間，張九齡主持開拓大庾
嶺驛道，貞元間虔州刺史路應「鑿贛石梗險」，使水陸聯運比較
方便些了。進入北宋以後，贛江航道的行政管理相應加強，運輸
比以前安全。仁宗時，江西提刑蔡挺、廣東轉運使蔡抗兄弟，又
一次對嶺路進行整修；虔州知州趙抃也曾徵集民工，「鑿贛石梗

阻，以通舟道」。[35]經過多次疏鑿之後，灘石險情有所減輕，舟船過往趨於快捷，於是客商來去更頻繁，萬安鎮的地位跟著提高。從南唐開始設鎮，到升鎮為縣，已有一百餘年的建設，該鎮四面鄉村的農業生產趨於旺盛，人口和耕地都在增加，地區經濟的逐步壯大，推動了升鎮為縣的進程。建縣之時，江西轉運使金君卿等認為：萬安「鎮當水陸之沖，舟車之會，控扼贛郡之咽喉，凡漕運重寄皆屬於此」，依然看重它在贛江航道上的碼頭地位。但是，同時應該看到，鎮升格為縣之後，以一個完全的政權單位行使管理，民政、賦役、刑獄、治安之類，全部納入國家系統，藉航運碼頭帶動起來地區經濟，就將獲得更大的發展空間，在相對有序之中運行。

金溪建縣的重要條件之一，是採礦業的發展。金溪位撫州臨川縣東部，原為臨川縣轄地。唐寶曆元年（825 年）於此設上幕鎮，管轄當地的冶煉場，開採鎮東的白麵塢、金窟山、寶山三處銀礦。南唐交泰元年（958 年），以上幕鎮及近旁的歸政鄉設置金溪場，職權比上幕鎮擴大。三十六年之後，便以金溪場為中心，加上臨川縣割來的歸德、順德、順政三鄉，設置金溪縣。可見該地前進的軌跡，一直是在銀礦的帶動下，而銀礦的經營又始終離不開農村與農業。從當地經濟的實際分析，是農耕居主要，但是銀礦開採格外受到官府的重視。現存白麵塢摩崖石刻上的《金溪場銀坑記》，從尚可辨識部分文字中，得知初起時「良冶

35　《宋史》卷三一六，《趙抃傳》。

之子四集」，而後銀坑「創乎長慶三年，廢□寶曆二載」，即從八二三年至八二六年，僅四個年頭。南唐後期「複於乾德四年歲在丙寅（966 年）」設置銀場，開採銀礦。記文的作者是「文林郎知場事張惲」，寫作時間是開寶二年（969 年）二月六日[36]。開寶八年（975 年）南唐滅亡，金溪銀場自然轉入北宋。其間有銀坑官吏葛祐，因礦脈枯竭，出銀很少，傾家產墊賠仍不夠充數。葛祐二女不忍其父受榜掠之苦，憤然投爐自焚，以示抗議。淳化五年（994 年），「有司以利不償費，舉二女事上聞，遂罷場置縣」[37]，可見銀礦產量不旺，而農業日益繁盛，故而場廢而縣立。

分宜縣，由於宜春「地大人眾，壤沃利厚」，在雍熙元年（984）八月分出十個鄉，共計二萬戶，以安仁鎮為縣治，建縣「以便民欲」。參考永豐知縣段縫的記述，從這幾個簡單文句中，也可以推想到分宜的態勢，同樣是因為人口多了，耕地廣了，社會經濟生活中的問題層出不窮，民眾要求加強行政管理。建縣「以便民欲」，即是符合官府所需，——更有效地獲取更多的財賦。

綜上所述，北宋江西增建的十二縣，皆因社會經濟基礎比以前更雄厚，需要有更健全的行政機構，就近而及時地加強管理，

---

36 2004 年 3 月 30 日，我在金溪縣文管所吳定安所長帶領下，到白麵塢（俗稱羊屎山）山上，察看到《金溪場銀坑記》石刻，文字刻在山腰的巨石上，經千餘年風雨侵蝕，剝落較多，又無較好的站立位置，不易辨識字跡，故難抄錄全文。拍照也看不清文字。此摩崖石刻是極為珍貴的文物，有十分重要的研究價值，亟待妥善保護。

37 康熙《金溪縣誌》卷三《銀冶》。

以利社會發展。而且其中的大多數是在宋初建立，是在舊基上重建，這就充分顯示出迫切的客觀需要。順應了這個趨勢的政府行為，受到民眾的支持，也發揮著管理效能，促進當地社會繼續發展。以後我們敘述到的經濟與文化發展事實，將能反證行政區設置的積極意義。北宋階段江西政區沿革的史實，最好地展現了行政區劃與社會經濟之間的辯證關係，尤其是相互推進的積極關係。

第三節 ▶ 江南西路、東路的分轄

一 十三州軍六十五縣的領屬關係

北宋時期是江西行政區劃發展的全盛時期，在區劃結構和數量分布兩方面，承前啟後，奠定了後來發展的格局與規模，元、明、清三代沿襲其整體結構，只變更過州級政區名稱，增加了一些縣級政區。

綜計江西全境，共有十三州軍，分別管轄著六十五縣，各自領屬情況如下：

洪州，領八縣：南昌、新建、奉新、豐城、分寧、武寧、靖安、進賢。

筠州，領三縣：高安、上高、新昌。

袁州，領四縣：宜春、分宜、萍鄉、萬載。

吉州，領八縣：盧陵、吉水、安福、泰和、龍泉、永新、永豐、萬安。

撫州，領四縣：臨川、崇仁、宜黃、金溪。

信州，領六縣：上饒、玉山、弋陽、貴溪、鉛山、永豐。

饒州，領六縣：鄱陽、餘干、樂平、浮梁、德興、安仁。

江州，領五縣：德化、德安、瑞昌、湖口、彭澤。

虔州，領十縣：贛、虔化、興國、信豐、雩都、會昌、瑞金、石城、安遠、龍南。

建昌軍，領二縣：南城、南豐。

南康軍，領三縣：星子、都昌、建昌。

南安軍，領三縣：大庾、南康、上猶。

臨江軍，領三縣：清江、新淦、新喻。

在饒州轄下，還有永平監；江州轄下還有廣寧監。這是兩個鑄造銅錢的機構，與縣同級，但沒有管轄地域，不是行政區。

北宋各地，凡屬官府開辦的重要礦山，鑄造銅錢、鐵錢的作坊工廠，都設「監」管理經營，其中大型的監有較大的管轄地區，甚至下轄一二個縣，完全納入行政區系列，等同於下等州。據《元豐九域志》，神宗時期共有四十個監，其中四監同下等州，它們是荊湖南路的桂陽監（銀）、成都府路的陵井監（鹽）、梓州路的富順監（鹽）、 州路的大寧監（鹽）。江西的永平、廣寧二監在銅錢鑄造中的地位高，然而都在土地平曠，交通便利，經濟發達的州治所在地，故此級別不低而無轄區，雖列在州下，但不算作一個行政單位。

州的等級，據《宋史・地理志》載，洪州等九州均為上等，建昌等四軍都「同下州」。南唐析出的建武軍，入宋以後改名建昌軍。改名的年份，《元豐九域志》及《宋史・地理志》均作太

平興國四年（979 年）。而南宋陳孔林的《新城建縣記》說「太平興國二年賜今額」，提前二年。王平叔景德二年（1005 年）寫《改建昌軍治記》說：「太平興國三年十月，敕改建武曰建昌……淳化二年（991 年）九月，敕劃撫州南豐縣以為屬邑，便歲輸，從民欲也」。[38]先後三年的差異，尚難斷定是非，現抄出供研究參考。

二　江南西路統轄的州縣

江西全境的洪、饒等十三州軍，分別隸屬於江南西路、江南東路。

北宋參照唐代劃分「道」的政策，在各州軍之上劃分為「路」，藉以加強朝廷中央對地方州、軍的監督與控制。「路」的轄區比唐代的「道」更小，而職權擴大，不再是「道」那樣的監察區，已經具有地方行政區性質。各路設置轉運使，總掌利權以歸上，兼糾察官吏以臨郡，諸如經度租稅、軍儲、轉輸漕糧以供邦國之用；巡察所部，檢查儲積，審核帳冊，刺舉官吏臧否，薦舉賢能，條陳民瘼，興利除害，勸課農桑等。地方「觀其政而輕重朝廷」，朝廷「信其言而賞罰官吏」，[39]具有「與天子分土而治」的權威[40]。轉運使是一路的主要監臨長官，稱為「監司」，還有

38　同治《南城縣誌》卷九之三。

39　《續資治通鑒長編》卷二八〇，熙寧十年正月癸亥。

40　《宋史》卷三三七《範鎮傳附祖禹傳》。關於宋代轉運使的職權、性質等問題，參見許懷林：《北宋轉運使制度略論》，《宋史研究論文

部刺史、部使者的別名；而側重其控制地方財賦的職責，是漕運之臣，通稱「漕司」，另有漕計、計使、將漕等別稱。

各路之中還設有提點刑獄公事，掌管一路刑獄公事，並兼勸課農桑，舉刺官吏，通稱「憲司」，亦是監司。神宗熙寧以後，還設有提舉常平倉司，掌管常平、義倉錢谷，莊產、戶絕田土，及貸青苗錢，與免役、市易、坊場、河渡、水利之法，並有刺舉官吏之權，通稱「倉司」，同時也是監司。此外，還有安撫使或經略安撫使，掌「一路兵民之政」，稱為「帥司」，也有刺舉官吏之權，也是監司。真宗初年，安撫使只在西北沿邊路分設置，徽宗以後，江浙諸路守臣也帶安撫使。轉運使等幾個一路的長官權勢相當，互不統屬，又相互制約，他們合力管理州縣，各自對朝廷負責。這套官僚制度，對皇帝專制集權統治十分有利。

在江西地區，除轉運使、提點刑獄等路的長官之外，還曾設有兵馬都監一員。鑒於虔州地理形勢複雜，兼與閩粵山區連接，盜賊與治安問題嚴重。宣和二年（1120 年）四月六日，徽宗詔：「虔州地接廣東，江山險阻，私鑄盜販習以成俗，嘯聚出沒，民受其害，可於江南西路、廣南東路添置路分都監各一員。」[41] 路分都監，即路分兵馬都監。江南西路的兵馬都監坐鎮虔州，顯示北宋朝廷對虔州轄控周邊地區的地理位置特別重視。

北宋初將江西地方劃入江南路。太平興國元年（976 年）分

集》，河南人民出版社 1984 年版。

41　《宋會要輯稿》職官四九之五。

江南為東、西二路，後又合併為江南路。至道三年（997）分天下為十五路，有江南東路、江南西路。若干年之後東西二路又合併。天禧二年（1018年）複分為東西二路，此後未再變動。江南西路統轄十州軍，即洪州、虔州、吉州、袁州、撫州、筠州、南安軍、臨江軍、建昌軍、興國軍。

興國軍，同下州。原為鄂州的永興縣。太平興國二年（977年），以永興縣置永興軍；三年，改名興國軍，轄永興、冶縣、通山三縣。該軍位長江南岸，緊接江州瑞昌縣，洪州武寧縣、分寧（今修水）縣，相互的地緣關係密切，劃入江南西路之後，統屬關係穩定，持續至明朝初年。

三　湖東地區隸屬江南東路

鄱陽湖東部地區的饒州、信州，以及治所在湖西的江州、南康軍，自江南路分為東西二路，它們便劃隸江南東路。長期的行政隸屬聯繫，增進了這四州軍與江東其它州軍的經濟、文化交流。

江南東路，轄江甯府，宣州、徽州、池州、江州、饒州、信州、太平州、南康軍[42]、廣德軍。首府為江甯（今南京市）。宣州、徽州、池州、廣德軍在今皖南地區。

42　《宋史》卷五五《地理四》的「南康軍」下有：「本隸西路，紹興初，來屬」，易誤會為南康軍在北宋時屬西路，實則僅指建炎四年的「江西路」。該書在「東路」下的北宋部分即寫有南康軍。又，王存的《元豐九域志》「江南東路」下列有南康軍。

徽州，三國吳為新都郡，西晉改名新安郡，隋統一後改名歙州，唐天寶元（742年）複名新安郡，乾元元年（758年）再改名歙州。北宋宣和三年（1121年）改為徽州。轄六縣，婺源即其一。婺源縣建立於唐開元二十八年（740年），割休寧縣回玉鄉、饒州樂平縣懷金鄉為轄區。[43]

池州所轄的東流縣，原隸江州，唐會昌元年（841年），以彭澤縣東北端黃菊鄉置東流場，南唐保大十一年（953年）升場為縣[44]，隸江州。宋滅南唐，於太平興國三年（978年）將東流縣劃隸池州（今為安徽東至縣）。

信州，曾轄七縣。淳化五年（994年）升弋陽縣寶豐場為寶豐縣，景祐二年（1035年）廢寶豐縣為鎮。康定元年（1040年）複縣，慶曆三年（1043年）又廢。約五十年間，反覆兩次置而又廢，此後再沒有振起。其原因是採礦業衰敗。寶豐場為開採銅礦的山區，唐朝貞元元年（785年）設場[45]，產量情況不明，廢寶豐縣後不見記錄。

江州、饒州、信州、南康軍在江南東路的西邊，有航道交通與礦冶業優勢，受到朝野上下的重視。信州的鉛山縣，因礦產旺盛，宋滅南唐之後，曾將其收歸朝廷直轄。[46]饒州鄱陽縣為信

---

43 樂史《太平寰宇記》卷一〇四。
44 樂史《太平寰宇記》卷一〇五。
45 《弋陽縣誌・大事記》第8頁。南海出版公司出版，1991年版。
46 《宋滅南唐在開寶八年（975年），《太平寰宇記》卷一〇七信州條下寫明鉛山縣「直屬朝廷」，但何時隸屬信州，未見記錄。

江、饒河（樂安江與昌江合流後之名）流入鄱陽湖的總匯地區，過往官紳多，貨物運輸量大，因此，朝廷主管坑冶的官署「提舉坑冶鑄錢司」設在這裡，江南東路的提點刑獄司也駐在鄱陽。

四　江西地區發展的一致性

洪、饒等十三州軍分屬江南西路、東路的區劃狀況，是唐代江南道分東西二道以後隸屬關係的延續。開元二十一年（733年）江南道劃為東西二道，西道之中含宣州、歙州、池州等十九州，地域相當今江西全境及安徽、湖南、湖北的一部分。乾元元年（758年），置「洪吉都防禦、團練、觀察、處置使，兼莫徭軍使」，只領洪、吉、虔、撫、袁五州，同時，置「宣、歙、饒觀察使」[47]。在這一年新建立的信州，隸江南東道。廣德二年（764年），改洪吉都防禦等使為江西現察使，治洪州，管洪、饒、吉、江、袁、信、虔、撫八州。這八州之地，即今江西省境域，此後直至北宋初，長期處在一個大行政區的管轄之下。處在江西地區完整的山川地理單元之內，江、饒、信等地與江東路的連接，沒有隔絕它們與洪吉等地的社會交往，倒是有利於加強江西地區和江東地區的人際關係，對整個江西的經濟、文化發展不無積極影響。

以洪州南昌為核心的鄱陽湖流域，占江西地域百分之九十四以上，饒、信州縣全都包含在內，是一個完整的地理結構。經過

47　《新唐書》卷六八《方鎮表五》。

漫長的歷史演進，農耕為生，興衰與共，你來我往，習俗咸同。
宋人論及江南東西路的風尚，照例二路合併，一起評說。《宋
史・地理志》在江南東西路的小結中，點出它們在地理、物產、
人文、貢賦、習俗等多方面的共性，文曰：

　　江南東西路……東限七閩，西略夏口，南抵大庾，北際大
江。川澤沃衍，有水物之饒。永嘉東遷，衣冠多所萃止，其後文
物頗盛。而茗荈、冶鑄、金帛、秔稻之利，歲給縣官用度，蓋半
天下之入焉。其俗性悍而急，喪葬或不中禮，尤好爭訟，其氣尚
使然也。

　　《地理志》此處點明的東西南北界域，與唐代江西觀察使的
轄境，也即後來的江西省境範圍一致；所言的經濟文化優勢，民
俗特性，也符合實際。

　　人口遷徙流動，是地區之間文化交流、發展經濟的一個動
力。咸通、乾符之後，江淮很不安寧，大批人戶退入皖南山區，
徽州成了流民的中轉基地，朱、洪、程、張、汪等姓氏家族，都
先在歙縣皇墩居留，再進入江西饒州的浮梁、德興、鄱陽等縣，
子孫繁衍之後，進一步擴散至洪州、撫州等地。[48]

48　詳見許懷林《唐末五代的北人南遷及其對江西地區的影響》，見《慶
　　祝鄧廣銘教授九十華誕論文集》，河北教育出版社，1997 年版。又，
　　陳柏泉《江西出土墓誌選編》，第 27《寶文閣待制程節墓誌銘》，江
　　西教育出版社 1991 年版。

關於農耕生產，金溪陸九淵也是將江東西一併評論。他任荊湖北路荊門軍知軍期間，告訴朋友說：

> 江東西田土較之此間相去甚遠。江東西無曠土，此間曠土甚多。江東西田分早晚，早田者種早占禾，晚田種晚大禾，此間田不分早晚，但分水陸……此間陸田，若在江東西，十八九為早田矣。江東西陂水多及高平處，此間則不能，蓋其為陂，不能如江東西之多且善也。[49]

陸氏生活於南宋，然而他所熟悉農田水利等社會民情，並非僅是他在世的時候才形成；他所說的江東西，自然是他熟悉的家鄉江南西路撫州、金溪和講學多年的江南東路信州、貴溪、鉛山各地。

關於文化教育，撫州臨川人吳孝宗為饒州餘干縣寫《學記》，同樣是把西路和東路當作一個地區看待。他說：「古者江南不能與中土等。宋受天命，然後七閩、二浙與江之西東，冠帶詩書，翕然大肆，人才之盛，遂甲於天下。」[50]

行政區劃的分開，雖有領屬關係造成的發展差異，在自給自足的小農經濟為基礎的古代，這種差異是很小的，尤其是對地理因素一致，曾經幾百年為一個行政單元的江西州縣，相互差異又

49　《象山全集》卷一六《與章德茂三》。
50　洪邁：《容齋隨筆・四筆》卷五《饒州風俗》。

顯得很次要。鑒於此種背景，本書以下展開的經濟、文化、人物各章節的敘述，均將江東的江、饒、信州、南康軍納入，使用「江西地區」、「江西全境」或「江西十三州軍」等稱呼。凡是不能做這種加減的時候，則使用「江南西路」的名稱。（圖版1：江西行政區劃示意圖）

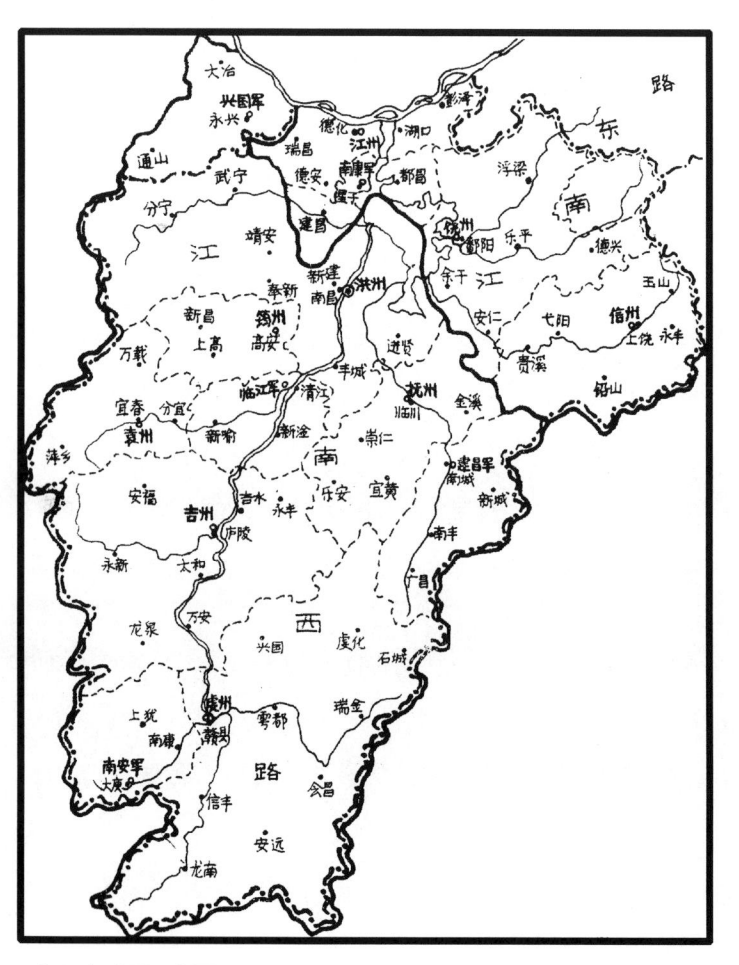

· 江西行政區示意圖

第四節 ▶ 江西地方兵的配置

宋朝的軍隊，分中央與地方兩類，朝廷中央的稱禁軍，地方有廂兵、鄉兵、蕃兵等多種。廂兵、鄉兵各地都有；蕃兵只在周邊少數族聚居區設置。廂兵供雜役，是「材不中禁衛，而力足以充役」的士兵。鄉兵又稱民兵，官府對他們不供糧餉，是「不養之兵」。神宗時期推行保甲法，把民戶中的丁壯組織起來，「聯其什伍，而教之戰」，這也是民兵。負責地方防禦盜寇、巡徼駐守的主要是鄉兵。江西地方只有廂兵、鄉兵、弓手等。

一 廂兵

北宋初，在原來藩鎮兵中挑選壯勇者入中央禁軍，餘下的老弱者留本城為廂兵。後來，也通過招募來補充。凡遇災荒年，州軍長吏便招兵，招募而來的壯健者充為禁兵，「不及尺度而稍怯弱者，籍之以為廂兵」[51]。大中祥符三年（1010），江西大旱，饑民眾多，江南西路安撫使兼知洪州王濟既煮粥救濟，同時「錄饑民為州兵」[52]。對招饑民為兵的做法，官府認為「不收為兵，則恐為盜」，但也有人表示反對，如歐陽修就說，這樣做只求「一時之不為盜，而不知其終身驕惰而竊食也」，戰鬥力與意志都不強；而且，導致「所留在南畝者，惟老弱也」，危及農業生產。劉敞對荒年招兵也是持批評態度，他的《荒田行》寫道：

51　《歐陽修全集・居士外集》卷九《原弊》。
52　《宋史》卷三〇四《王濟傳》。

大農棄田避征役，小農挈家就兵籍。

良田茫茫少耕者，秋來雨止生荊棘。

縣官募兵有著令，募兵如率官有慶。

從今無複官勸農，還逐魚鹽作亡命。[53]

此外，罪犯也是廂兵的一個重要來源。罪犯中配隸牢城者，即屬廂兵。《水滸傳》中描寫林沖被發配滄州牢城營，充當「配軍」的情節，符合宋朝實際。

廂兵的職責，主要承擔地方勞務，如修築城牆，製作兵器，築路修橋，打造舟船，冶銅鑄錢，治理河道等。廂兵的勞作，減輕了民戶的勞役負擔，然而，他們消耗的巨額生活費用，必然轉嫁到農戶的身上。

廂軍人數眾多，間或從其中挑選少壯者補充禁軍。真宗大中祥符五年（1012 年）二月，詔廣南、荊湖、福建、江南、京西等路對「見（現）管雜犯配隸軍人等」，差使臣揀選，「其少壯者即差人管押赴闕引見，當議選配近上軍分」[54]。天禧元年（1017 年），詔各地廂軍中揀選出五〇〇〇餘人補入禁軍。仁宗、神宗兩朝，也對廂兵進行「教閱」，即軍事訓練，以備盜賊，但廂兵作為勞役兵的基本性質不變。

廂兵的隸屬，名義上「內總於侍衛司」，實際是地方外軍。

---

53 劉敞《公是集》卷十八，中華書局據聚珍版叢書本排印，1985 年版。

54 《宋史》卷一八九《兵三・廂兵》。

廂兵的編制分軍、指揮、都三級，但駐屯分散，「一軍之額有分隸數州者，或一州之管兼屯數州者」[55]。許多廂兵是因事招募而來，隨宜而置，故名號眾多而猥雜。神宗熙寧三年（1070 年）五月，樞密院奏稱：

諸路廂軍名額猥多，自騎射至牢城其名凡二百二十三。其間因事募人，團立新額；或因工作、榷酤、水陸運送、通道、山險、橋樑、郵傳、馬牧、堤防、堰埭，若此者事在而名未可廢；及剩員直、牢城皆待有罪配隸之人；壯城專治城隍，不給他役，別為一軍；而教閱廂軍亦自為額。請以諸路不教閱廂軍並為一額，餘從省廢。[56]

如此眾多的名號，確實猥雜。然而，這卻是宋代廂軍歷史作用的一份證明，人們由此看到廂軍廣泛承擔著的勞務類別，他們是北宋的勞動大軍，是維繫社會正常運轉的不可或缺的力量。正因為廂軍要負擔「水陸運送」，所以在贛江入鄱陽湖的地段──新建縣昌邑地方，發現了一顆廣南廂軍的銅印，印文為「澄海第六十九指揮第三都記」，背面印紐銘文為：「元祐六年二月少府監鑄」[57]。宋代廂軍的設置，對瞭解我國古代兵制、徭役的演

---

55 《宋史》卷一八九《兵三・廂兵》。
56 《宋史》卷一八九《兵三・廂兵》。
57 新建縣昌邑鄉 1971 年發現此印，該印長 5.4、寬 5、厚 1.6 公分，紐頂刻「正」字。《宋史》卷一五四《輿服六》：熙寧五年「詔內外官及溪

進，有著重要意義。根據樞密院的建議，熙寧四年（1071 年）對廂兵進行了一次整頓，裁併了一些番號。元豐末年，北宋各地共有廂兵馬、步指揮八四〇，兵二二七六二七人，而京城及諸司或因事募兵之額不在其內。[58]江西的廂兵數量，沒有找到統計數字，只在熙寧整頓之後有一個相關數字，可以參考，即「江南路」整頓之後共五十三指揮，一六六五〇人。按列出的二十個番號、六十一州軍（次）中，屬江西的三十八州軍（次），占百分之六十二點三，居主要地位，故廂兵也應是占大多數（照此比例折算，在江西的廂兵約有 10,373 人）。

熙寧以前，江西地區各州軍的廂軍有馬軍、步軍兩種，步軍中包括水軍和各類勞作者；熙寧以後沒有馬軍，但步軍中有「揀中騎射」，可能是指挑選教閱的哪一部分。具體番號見下表：

岣官合賜牌印，並令少府監鑄造，送禮部給付。」六年十二月又詔：「自今臣僚所授印，亡沒並賜隨葬，不即隨葬因而行用者，論如律。」由此可知，在昌邑這個航道要衝地區，發現廣南廂軍的印，當是該部負擔「綱運官物」的帶印軍官死亡在此而隨葬的，或者不慎遺失在這裡。簡報見《文物工作資料》1973 年第 1 期家棟、柏泉《新建縣發現宋代官印》；又，餘家棟《江西新建發現宋代官印》，《考古》1973 年第 5 期。

58　《續資治通鑑長編》卷二二八，熙寧十二月丙寅；《宋史》一八九，兵三。

· 表 1.1 北宋江西廂兵的番號及分佈[59]

	熙寧以前	熙甯以後 （江南路中的江西州軍）
馬軍	揀中騎射：撫、江、吉、袁、筠、饒、信州、南康、南安、建昌、臨江軍	水軍：洪、虔、饒、信、江、吉、筠、撫州、臨江、南康軍。 貢運：饒州 水運：臨江軍 梢工都：洪州 造船軍匠：吉州 牢城：諸州軍 壯城：洪州 下卸錢監：江州 揀中騎射：撫、江、吉、筠、袁、饒、信州、南康、南安、建昌、臨江軍 本城：南安軍 靜江：南安軍 保節：洪、虔、江、饒、信、吉、筠、袁、撫州
步軍	水軍：洪、袁、虔、饒、信、江、吉、筠、撫州、臨江、南康軍 保節：洪、虔、江、饒、信、吉、筠、袁、撫州 貢運：饒州 水運：臨江軍 牢城：江南諸州軍 梢工都：洪州 本城剩員：諸州並有 舊水軍：江南（天聖後無） 靜江：南安軍（天聖後置） 造船軍匠：吉州（天聖後置） 壯城：洪州（天聖後置） 錢監：江州（天聖後置）	

59　《宋史》卷一八九兵三。「壯城」，專門修築城隍。

廂軍番號中多數可以顧名思義，知道所承擔的勞務內容，有的則不能。其中的「教閱廂軍」，需教習武技。明道二年（1033年）樞密使王曙奏：「天下廂軍止給役而未嘗習武技，宜取材勇者訓肄，升補禁軍。」仁宗准其奏。「教閱廂軍」的名目，當是由此而來。[60]

二 鄉兵

鄉兵，「選自戶籍，或土民應募，在所團結訓練，以為防守之兵也。」他們來自主戶，在本地訓練與防守，故規定「稅賦止令本州輸納，有司不得支移」。從兵源性質看，「多數鄉兵選自戶籍」，其實是徵兵；少數鄉兵由土民應募，「其實是募兵」[61]。各地鄉兵有不同的名稱，如保毅、忠順、強人、砦戶、弓箭手、弓箭社、義勇、義兵、土丁、壯丁、弩手、槍手等。江南西路的鄉兵主要為槍杖手。

熙寧七年（1074年），詔籍虔、汀、漳三州鄉丁、槍手。當時制置盜賊司言「三州壤界嶺外，民喜販鹽，且為盜，非土人不能制」，故有此詔令[62]。關於贛閩粵交界地區的民眾「販鹽且為

---

60 廂軍有需「訓練備戰守之役」的，從新建縣昌邑地方發現的廣南廂軍銅印可以證明。據《宋史》卷189《廂兵》載：慶曆中，招收廣南巡海水軍、忠勇、澄海，「雖曰廂軍，皆予旗鼓訓練，備戰守之役」。「澂海」也寫作「澄海」，北宋時期分布在潮、梅、桂、柳、崖、儋等34州（今廣東、廣西、海南），其中廣、廉、儋等11州的「系教閱」。
61 王曾瑜：《宋朝兵制初探》，第74頁，中華書局1983年版。
62 《續資治通鑑長編》卷二五〇，熙寧七年二月癸酉。

盜」，李覯認為不宜以剿捕方式鎮壓，可以招撫他們，變為官府掌握的武裝。皇祐四年（1052 年）十一月，他針對廣南儂智高暴亂提出十條對策，其五曰：

> 江嶺之交，最多鹽賊，起而為大害者，往往有之矣。此本良民，但為衣食，與商賈何異哉？惟其犯禁耳。俗吏不明事體，武卒又貪賞錢，不料形勢，多方伺捕。彼自以其罪重，寧鬥而死。幸而不死，豈得複為平人哉？求活草間，固其宜矣。愚謂當少緩之，……權住給賞，如此則伺捕者宜其縮手，犯禁者得以安心。苟能加以仁恩，亦可錄為死士。[63]

李覯這條對策，不僅是化消極因素為積極因素，滿足目前鎮壓儂智高之需，還在於他如實地評議「鹽賊」的性質，表達他的「茶鹽之禁，本非便人」觀點。自然，李覯的建議不被採納，對虔、汀之間「鹽賊」的鎮壓武裝仍在加強。

元豐二年（1079 年），江西轉運副使蔣之奇請求增加鄉兵，於是「詔虔州槍杖手千五百三十六人，撫州、建昌軍鄉丁、關軍、槍杖手各千七百七十八人，為定額。」[64]虔、撫、建昌各有的一千五百多人的槍杖手，都在每年農隙教練武藝，「以備奸盜」。

63　《李覯集》卷二八《寄上孫安撫書》。
64　《續資治通鑒長編》卷三○一，元豐二年十一月庚午。

元豐七年（1084 年），江南西路的槍杖手人數定額八〇三五名，依照保甲法編排，每年教閱一次[65]。哲宗元祐中減去七一四二人。約十年以後，又增加人數。到徽宗宣和三年（1121 年）經兵部奏請，繼續增加「補足原額」[66]。由這幾條史事看出，江南西路的槍杖手人數約在萬人以內，主要編排在虔、撫、建昌三州軍。按這三州軍的地理位置，是在武夷山西部沿線，表示著防務的重心在此，與虔、汀等州私鹽販運猖獗不無聯繫。

三 屯駐禁兵

禁兵，是皇帝的衛兵，即是朝廷掌握以備京城守衛與征戰的軍隊，由殿前司、侍衛司統轄。但是有一部分駐紮外地，「非屯駐、屯泊，則就糧軍也」。嘉祐四年（1059 年），詔令「荊南、江寧府、揚、廬、洪、潭、福、越州募就糧軍，號威果，各營於本州；又益遣禁軍駐泊……於是東南稍有備矣」[67]。嘉祐五年十一月，江南西路鈐轄司奏准：徙本路都監一員於虔州駐泊，「如昇、洪、荊、潭等處，招置威果一指揮，以隸禁軍」[68]。顯然，這些威果「就糧軍」是為加強東南防務，控制江西、福建之間的

65　《續資治通鑑長編》卷三四五，元豐七年四月乙亥，「福建轉運使賈清言：昨提點江西刑獄，編排虔州諸縣槍杖手，立額依保甲為法，歲一按閱，民以為便。江西一路可以推行。詔下本路，依虔、撫州、建昌軍等處現行法。」

66　《宋史》卷一九一《兵五》。

67　《宋史》卷一八九《兵一》。

68　《續資治通鑑長編》卷一九二，嘉祐五年十一月辛亥。

武裝鹽販子而設的，既減輕京城的軍餉供應壓力，又擴充了禁軍數量。屯駐在各地的禁軍番號不只「威果」一個，還有勇捷、忠節、歸遠、宣毅等。編制以指揮（營）為基本單位，每一指揮規定為五〇〇人，實際都不足額，大致三〇〇到四〇〇人。上引李覯《寄上孫安撫書》提到：「諸州舊有『宣毅』百數。」他說的「百數」顯然不是「指揮」數，而是人數，可見更不足額。至於給養則是很好的，李覯說：「今之卒伍，餼廩甚厚」。按《宋史・兵志・廩祿之制》：禁兵軍士俸錢「自一千至三百，凡五等；廂兵教閱者，有月俸錢五百至三百，凡三等。下者給醬菜錢或食鹽而已」；「春冬賜衣，有絹、綿，或加綢、布、緡錢」。江南西路的禁軍人數，熙寧三年（1070 年）定為六八〇〇人。江西地區禁軍的分布，詳如下表：

神宗時期實行將兵法，元豐四年（1081 年）東南地區共編為十三將，江南東路為第五將，江南西路為第六將。

· 表 1.2 江西地區屯駐禁軍番號及分布表

番號及指揮總數	熙寧以前江西指揮數	番號及指揮總數	熙寧以後江西指揮數
勇捷 26 指揮 忠節 60 指揮	洪州 1 信、饒、洪、虔、吉州、臨江、南康軍各 1	宣毅 174 指揮	江、洪、虔、吉、撫、筠、袁州、建昌、南安軍各 1
歸遠 16 指揮 宣毅 288 指揮	洪州 2 洪、虔、吉、撫、袁、筠州、建昌、南安軍各 1	威果 25 指揮 忠節 60 指揮	洪州 2、虔州 1 信、饒、洪、虔、吉州、臨江、南康軍各 1
威果 25 指揮	洪州 2、虔州 1	歸遠 16 指揮 雄略 25 指揮	洪州 2 吉州（熙寧三年增置 300 人及置步軍雄略一。）
江西指揮合計	21	江西指揮合計	22（熙寧三年增置 300 人及置步軍雄略一。）

注：1. 寧三年增置 300 人及置步軍雄略一。

　　2. 甯以後的「宣毅」各指揮中，原注：「江南東路江寧、江南西路虔各一，撥隸威果、雄略；洪、吉、建昌各一，皆改教閱忠節；筠、袁、南安各一，不充額。」

四 器甲製造

宋代軍隊使用的兵器裝備物品，由官營作坊製作，京城設有南北作坊、弓弩院，地方「諸州皆有作院，皆役工徒而限其常課」，通過工匠勞役制來生產，定出產品數額以便監督檢查。按規定，「諸州歲造黃樺黑漆弓弩等凡六百二十餘萬」[69]。另外還製造兵幕、甲袋、梭衫等什物，以備行軍宿營需用。

諸州皆有的兵器作坊，在皆需製造的弓弩等什物之外，還會臨時派造一些軍隊需用之物。康定元年（1040 年）四月，仁宗「詔江南、淮南州軍造紙甲三萬，給陝西防城弓手。」江南指江南東、西二路。護身甲用紙製作，可見這些紙料的堅實程度相當高[70]。元符元年（1098 年），「詔江、湖、淮、浙六路合造神臂弓三千、箭三十萬。」

有時派下的軍用物資，本地無有，需去別處買來上供。神宗元豐三年（1080 年），江西吉州奏：「奉詔市箭笴三十萬，非土地所產，且民間不素蓄，乞豫給緡錢，期以一年和市。」[71]本地不出產物品的也要徵調，實是苛酷。

軍用物資和軍隊一樣，都嚴格控制在官府手中，不容許民間所有，因而對製作器甲的工匠，定有嚴格限制的政策。嘉祐七年

69　《宋史》卷一九七《兵十一》。以下未注出處的引文，皆見此卷。

70　紙甲，明・朱國楨《湧幢小品》卷上《紙鎧綿甲》稱：「紙甲用無性極柔之紙，加工錘軟，疊厚三寸，方寸四釘，如遇水雨浸濕，銃箭難透」。可見製作不易，對紙質也有特別要求。

71　《歷代名臣奏議》卷二二〇。

（1062 年），下令江西制置盜賊司：「在所有私造兵甲匠並籍姓
名，若再犯者，並妻子徙淮南。」不准江西各州軍民間私造兵
器、衣甲，擅自製造的工匠都寫上黑名單，再犯的將連同妻子遷
徙淮南。

在江西有眾多屯駐就糧的禁兵，有在各州軍的大批廂軍，還
有八千多槍杖手，他們都需要常年供應吃穿，再加製造數額巨大
的弓箭、紙甲等兵器，民眾因此而承受的負擔極大。神宗時期，
朝臣陳襄上奏說：

「臣觀治平二年天下所入財用大數，都約緡錢六千餘萬，養
兵之費約五千萬，乃是六分之財，兵占其五。」[72]按陳襄的估
算，禁兵一名每年的錢糧不下五十千，廂兵一名每年不下三十
千。依上節所述江西屯駐禁兵約六八〇〇名，每名五十千，共需
三十四萬；廂兵約一〇三七三名，每名三十千，共需三十一點一
萬餘，二者合計為六十五點一萬餘緡。僅這兩部分兵員的錢糧供
應，就相當於熙寧十年江西十三州軍商稅總數四十萬餘緡的一倍
半。徽宗時期，在江西的走馬承受（由宦官充任）彈劾江西「一
路以錢半給軍衣，非是」。提舉江西常平張根提出異議：「東南
軍法與西北殊，此事行之百五十年矣。」江西的軍隊人數不算
多，耗費的錢糧卻占賦稅的二分之一，「此事行之百五十年」，
可見從北宋初年即是如此，沉重的負擔一直延續至末年，持久未
改。

72　《宋史》卷三五六《張根傳》。

第二章 ——

戶口增多與勞動
人口的分布

　　江西地區的經濟開發,在持續積累的發展過程中,進入北宋時期已經到達全面而快速增長的階段。唐朝後期,士大夫對江西的評議是:「江西七郡,列邑數十,土沃人庶,今之奧區,財富孔殷,國用所系。」[1]這份官文書所說顯得比較空泛,但是有兩點值得注意,一點是郡縣數量,七郡之下數十縣,實只三十七縣,即稱「土沃人庶」,那時江西不超過三十萬戶,這表明唐人衡量富庶的標準是如此;第二點,江西在國家全域中的地位,已經是「財富孔殷,國用所系」,這是當時的實情,衰落中的唐王朝全靠江南各郡財賦支持。和以前比較,這個評議不錯;往後比較,則是低水準的。到了北宋時代,江西社會發展進入新階段,大量的客觀事實讓人們確信,「土沃人庶」與「財富孔殷」的論斷毋容置疑,其內涵已非常充實。

　　經唐末五代而至北宋,江西地區相對安靜,社會發展沒有中斷,生產開發繼續上升,經濟實力增強,進而成為國家的重要財賦基地。促使這個形勢發展的主要原因是戶口繁庶,勞動力增多。大量增漲中的人口,既因前期的遷入者擴大了人口基數,更由於安定環境中的自然增殖。兩股力量互相激盪,使人口發展曲線急速上升,超越前期的六七倍。在生產技術還比較落後,技術革新又緩慢的時代,人們致力於農耕勞作,依賴勞動人手,因而人口數量是決定生產進退的關鍵因素。在敘述社會經濟的時候,

---

1　白居易:《除裴堪江西觀察使制》,見《全唐文》卷六六一。這裡說 7 郡,當是因信州還在江東道轄下所致。

我們首先將北宋江西人口的增長史實，在此交待清楚，以便其後各個領域的評述，獲得堅實的立足基地。

第一節 ▶ 戶口數量持續增長

一 本地戶口的發展趨勢

　　北宋江西地區處於人口增長高峰期。促成高峰形成的基本原因，是社會環境相對安定，人口自然增長迅速。唐、五代時期由北方遷入的家族，早已定居生根，繁衍生息，使江西各地的人口基數擴大了。所以，北宋以後雖然沒有出現外地人口大量進入，但江西的戶口數量仍是持續上升。

1. 繼續遷入的家族實例

　　唐朝中後期，北方戰禍頻仍，大批離亂中的民眾往南方遷徙，不少人沿著皖南山區通道，進入江西。五代十國階段，仍然極不安定，江西地區既有戶口遷入，也有遷出。吉州的彭氏等幾百上千人家，隨彭玕避禍西走至湖南，落籍於土家族山寨[2]；撫州危全諷的子孫，有一支進據信州，後「為楊氏擊敗，奔杭州，易姓曰元」[3]，後嗣中有元絳，在宋英宗時官至參知政事。與遷

2　詳見許懷林《唐末五代時期江右豪傑的浮沉與影響》，《江西師大學報》2003 年第 4 期。

3　《宋史》卷三四三《元絳傳》。

第二章・戶口增多與勞動人口的分布

089

出者比較，進入江西定居者當占主要。

相對於中原州縣，江西各處仍稱安穩，「無邊徼警擾，故徙者依焉」，保持著巨大的人口吸納力。已經遷入者均落籍置業，成了土著；同時還有新的家族進來，如李寅，本居建安，官至諸司使，宋滅南唐後，他「至豫章，樂其山水，曰『此可以終吾身也』，遂臨州之東湖，築第宇以居……寅事親孝，治家有法，閨門之內肅如也」⁴，成了北宋南昌東湖邊上的著名家族。

南城呂南公，原居金陵（今南京市），其曾祖父在南唐滅亡之日，家被焚毀，倉惶避難，遷居南豐，至其父轉入南城。他在《呂氏家系》中說：「開寶八年（975 年），王師加金陵，兵官樊若水至城下，晚請於帥，以燔民廬，而吾家毀焉。曾祖王父君搶攘挾其二子，輕齎南遁，至江州遇其故人有祿者，教以宜走南豐，於是從之。」呂氏定居建昌軍南豐縣，景況日趨窘迫，至大中祥符元年（1008 年），呂南公之祖父卒，其父出生才十月，「家貧不能自存」，其祖母攜子嫁南城人傅可忠，遂為南城人⁵。

臨川饒氏，「其先世家金陵」，南唐亡後，舉家遷撫州臨川縣，「買薄田數畝，力治耕種，遂有其居」⁶。還有臨川王氏、南豐湯氏，也是這期間遷入的⁷。

4　《宋史》卷三百《李虛已傳》。
5　呂南公：《灌園集》，卷一七《呂氏家系》。
6　呂南公：《灌園集》，卷一九《饒寺丞墓誌》。
7　呂南公：《灌園集》，卷二〇《臨川王君墓誌銘》、《湯進士游夫人墓誌銘》。

2. 北宋開基的眾多村莊

　　綜觀江西各地總體人口形勢是，遷入的人數明顯比以前減少，本地居民繁衍生殖旺盛，新的聚落湧現，呈現持續上升的景象。下面以八個縣境的唐、宋開基建村的資料，具體展示這種人口形勢。

・表 2.1 唐宋間德興等八縣建村形勢表

縣名	新建村數	唐、五代建村				北宋建村				南宋建村			
		小計	外省	鄰縣	本縣	小計	外省	鄰縣	本縣	小計	外省	鄰縣	本縣
德興	191	102	46	19	37	52	22	4	26	37	6	10	21
永新	191	30	8	6	16	65	4	22	39	96	2	19	75
寧都	170	46	12	10	24	65	1	17	47	59	1	16	42
宜豐	174	8	1	4	3	62	2	29	31	104	7	31	66
金溪	249	43	12	10	21	91	18	40	33	115	31	54	30
永豐	282	69				82				131			
資溪	85	22	6	12	4	26	2	15	9	37	5	22	10
黎川	32	3	0	1	2	8	0	7	1	21	6	9	6
合計	1374	323	85	62	107	451	49	134	186	600	58	161	250
%	100	23.5				32.8				43.7			

資料來源：永豐縣據 1993 年版《永豐縣誌》第 563 頁《全縣歷代氏姓建村一覽》，其他 7 縣均據該縣地名志逐條檢出統計。

　　表中的八縣是隨意而定的，寧都、永新建縣始於三國吳，是江西的古縣之一。宜豐立縣開始於三國吳，後來罷廢了很久，穩定地建縣在北宋前期，當時名新昌縣。德興立縣在南唐初年，金

溪立縣在北宋前期，永豐立縣在北宋中期。黎川、資溪二縣這時仍是南城縣的境域，南唐以前這裡曾經設立東興、永城二縣，但廢立不常。南宋紹興間建立新城縣（即黎川縣），明代萬曆間建瀘溪縣（即資溪縣）。因此，黎川、資溪二縣村落的發展趨勢，反映的是南城縣的概況。八縣散處江西四方，居中的稍多，大致上可以由此看出江西全境的概況。兩宋及其以前共建村 1374 個，其中唐、五代（包括唐以前的）建村占 23.5%，北宋 32.8%，南宋占 43.7%。兩宋共占 76% 以上，是經濟開發區快速擴展的生動證明。宋代開基的 1051 個新村之中，由外省人遷入建村的為 107 個，只占 10% 多一些；而因本縣家族人口繁衍，擴建開基的新村為 436 個，占 41% 以上，由鄰縣民戶拓展而來建村 295 個，占 28%。可見，江西本地人口增殖，是促使人口持續上升的主要原因。

3. 對開基建村者的分析

不同的州縣所在，表現出地區差異。德興縣東鄰浙江，北接婺源，是唐、五代時期中原流民進入江西的首選定居地。德興建縣以前在樂平轄下，秦漢時期曾是長沙王吳芮的故居地，有吳園古村存世。六朝時期礦冶業已經興起，曾設過銀城縣。所以，中唐以前開基的古村已經不少，上表把這些古村包含在「唐五代建村」一欄內。唐後期至五代遷德興的外省家族開基村落四十六個，半數以上（25 個）是徽州來的，如歙縣篁墩（或作黃墩）董姓、程姓、齊姓、傅姓；其他二十一個村多數來自福建、浙江，少數個別來自山東、廣東。而徽州轄下的婺源縣遷來的尤多，計有俞、葉、程、胡、祝、呂、潘、汪、張等九姓二十二

村。發展至北宋，外省遷入者開基二十二村，其中徽州來的十二個，全部由婺源遷出；南宋外省遷入者建村六個，婺源占四個。大批前代的遷入者落籍之後，子孫成為當地人，裔孫繁衍，繼續析分，拓建新的自然村，便轉入本縣族姓開基人系列。例如篁墩人程盛，於唐僖宗中和四年（884 年）遷入德興井塢建村，其子孫遷往雷溪西岸新建村莊，遂名曰「新建」。該地逐漸興盛發達，後來成了新建鄉政府駐地。新建村程氏又分出在海口鄉建小浮溪村，在畈大鄉建瀘口村[8]。後嗣不絕，析分無已。人口多了，村莊跟著稠密起來。

《地名志》的自然村儲存的歷史人口資訊，在宋代人的墓誌銘中得到印證。例如北宋饒州浮梁縣程節，上世「子孫蕃衍，散在天下，多出黃墩之裔。黃墩與饒接，祠廟墳墓俱在。曾高以來遂家浮梁。當南唐偏據，皆終隱不仕」[9]。入宋以後，中舉出仕，程節在宋徽宗時任廣南西路經略安撫使。

德興張潛、張由父子的墓誌銘，也很典型。張潛的祖輩，「避黃巢於歙之黃墩。國初乃遷饒（之德興）」。至張由時代則是「世為饒之德興人」，「張氏德興望族」[10]。這些人在唐五代之時，還是饒州德興、浮梁一帶的新移民，幾代人之後，祠墓產業

8　詳見《德興縣地名志》第 35、48、51 頁。德興縣地名辦 1984 年編印。

9　陳柏泉：《江西出土墓誌選編》第 27 號《寶文閣待制程節墓誌銘》。江西教育出版社 1991 年版。

10　陳柏泉：《江西出土墓誌選編》第 29 號《通直郎張潛行狀》、第 31 號《將仕郎張由墓誌銘》。江西教育出版社 1991 年版。

俱在當地，便成了世居，乃至望族。徽州、饒州壤地連接，自古交往頻繁。徽州山地綿延，比較封閉，距中原不算太遠，在戰亂年代卻能滿足「即深而潛」的需求，故而成為南遷者的中轉基地。饒州位於徽州南部，大部分地方已屬低平，浮梁、德興二縣處於山區與平地交接地帶，浮梁有農業、陶瓷業的優勢，德興有農業、銅礦業的優勢。它們的西南面緊接樂平、鄱陽，水運便利，為著名的魚米之鄉。所以，饒州物產豐盛，發家的機會多，時局轉安之後，程、張等家族由徽州遷來者亦多。

吉州永新縣，位於贛西井岡山麓中部，遠離通衢大都，不受中原戰亂侵擾，素稱僻靜之地，其建村形勢與德興縣完全相反。永新由於建縣時間更早，本地著姓定居年深日久，儘管也有不少遷入的外地人，但主體優勢仍在土著及鄰縣開基者手中。永新、德興兩縣宋以前建村總數相同，而外省遷入者建村數相差懸遠，德興為七十四村，永新只十四村。發展趨勢都是後來者居上，而永新尤為強勁，宋代建村數高占百分之八十四點三，德興只百分之四十六點六。本縣家族析分開基的新村永新縣顯著增多，而德興卻沒有這種現象。德興大概由於礦冶業的需求，自古至今廣納外來人口，形成「五方雜處」的文化風俗，而永新反是，較小地域內的家族交流，形成穩定而單純的文化風俗。

虔州寧都縣處於贛南丘陵山區，筠州新昌縣（今宜豐縣）在贛西北腹心內地，它們的建村發展態勢大致同於永新。例如寧都縣，由外省進入開基的村落，五代以前記下十二例，到了北宋、南宋都只一例。先來的遷入者已成土著了，繼之而來的主要是鄰縣的居民。肖田鄉坪湖嶺開基者，是唐末由金陵上元縣遷來的戴

天賦。幾代人之後，坪湖嶺的戴萬崇在北宋初年拓建出荊林村。
甯都田埠鄉有一個片村，是石城縣李翊俊開基，他在乾德五年
（962 年）遷來田埠鄉建布頭村，子孫後人多起來，於是擴建出
高排、背寮、排上、店下等自然村，形成一片李氏村落群[11]。類
似的繁衍析分事實，在邱姓、盧姓、肖姓等家族中都有。

　　撫州金溪縣的情況另是一種，表現出很強的個性。唐宋建村
總數高達二四九個，而唐末、五代的只有四十三個，占百分之十
七點三，宋代有二〇六個，占百分之八十二點七。唐中期以前的
古村不見記錄，而北宋開始陡然增多，有旺盛的開發勢頭。促成
這股勢頭的力量，既有不少的外省遷入者，更有大批鄰縣人移居
過來，本地析分的家族也不少。外省移民的來路很廣，包含福
建、浙江、安徽、湖南、河南、陝西、山西、四川、廣東等省，
人數逐漸增加，與其它縣逐漸下降的走勢，截然不同[12]，這種大
範圍的人口吸收能量，值得仔細研究。

11　《甯都縣地名志》第 30、324 頁。甯都縣地名辦 1984 年編印。
12　本節內容根據《地名志》資料寫成。地名志成書於上個世紀 80 年代，
　　其資料研究價值在於：它是在廣泛調查基礎上編成的；有大量家譜資
　　料，如甯都縣「地名普查中查考的家譜名錄」為 1060 部；家譜中關
　　於祖輩遷徙落籍，有比較具體的人名、地點、時間三要素；編撰者不
　　會因寫這些古人古事受牽連，或避嫌而曲筆。當然，後人記古事，不
　　可能精確，但這是通病，不獨是《地名志》的缺陷。藉《地名志》考
　　察歷史戶口，對把握增減大勢，有參考價值。
　　另外，祖輩由外省遷入者，能否當本地戶口看待？答案是肯定的。人
　　口流動是絕對的，不可能世代都以原始祖居地當鄉貫。兩晉南北朝的
　　「土斷」政策，就是以「人安其業，丘壟墳柏，皆已成行」（《晉書・
　　范甯傳》）的事實，把僑民正式歸入當地戶口的。入鄉隨俗，由客戶
　　變土著，是普遍規律。

從整體上看，江西自然條件優越，養生之物豐足，眾多的丘陵盆地，都有山水之樂，先來者人丁興旺，後到者皆得安居，各處充滿生機，富有凝聚活力，所以呈現戶口滋盛，村莊─開發區日益稠密的景象。

二　戶口數量的基本統計

在北宋歷朝的戶口資料中，可以從太宗、神宗、徽宗三代得到江西十三州軍的分計數字，由此能夠知道江西一百多年中的戶口數、主戶與客戶數，及其逐漸增長的程度。

· 表 2.2 北宋江西地區戶口統計表

州軍名	太平興國間（980-989 年）			元豐三年（1080 年）			宗寧元年（1102 年）	
	主戶	客戶	合計	主戶	客戶	合計	戶數	口數
洪州	72350	31128	103478	180760	75474	256234	261105	532446
筠州	29396	16933	46329	36134	43457	79591	111421	204564
饒州	22805	23112	45917	153605	34590	188195	181300	336845
信州	28199	12486	40685	109410	23207	132617	154364	334097
虔州	67810	17336	85146	81621	16509	98130	272432	702127
袁州	44800	34903	79703	79207	50477	129684	132299	324353
吉州	58673	67780	126453	130767	142630	273397	335710	957256
撫州	—	—	61279	93915	61921	155836	161480	373652
江州	12319	12045	24364	75888	19496	95384	84569	138590
建昌軍	11002	7845	18847	89582	25626	115802	112887	185036

州軍名	太平興國間 (980-989年)			元豐三年 (1080年)			宗寧元年 (1102年)	
	主戶	客戶	合計	主戶	客戶	合計	戶數	口數
南康軍	14642	12306	26948	55527	14969	70496	70615	112343
南安軍	—	—	—	34024	1775	35799	37721	55582
臨江軍	—	—	—	68286	21111	89397	91699	202656
合計	392636	266513	659149	1188726	351241	1719968	2007602	4459547

資料來源：太平興國數據《太平寰宇記》卷一〇六至一一一；元豐數據《元豐九域志》卷六；宗寧資料《宋史》卷八八地理四。

從北宋初年到崇寧的一百五十年間，江西人口按戶數比較，元豐比宋初增一〇六萬餘戶，宗寧比元豐增二十八萬餘戶，比宋初則增加了一三四萬餘戶，是宋初的三倍多。就十三州軍自身比較，戶數最多的前五名，宋初是吉、洪、虔、袁、筠州；元豐時變為吉、洪、饒、撫、信州居前，虔州變為第九、袁州退居第六、筠州第十一名；宗寧時則是吉、虔、洪、饒、撫州居前，信州退居第六，袁州降為第七，筠州為第九名。由此看出，贛江中下游地區的吉州、洪州一帶，始終是人口最密集的，而贛東的饒、信、撫州一片，是人口第二多的地方。虔州的戶口曲線很有研究價值，宋初它在江西居第三位，元豐時跌到第九位，宗寧時躍居第二位，如此大幅度起落的原因是什麼，還沒有找到答案。

換一個角度觀察，戶口最少的州軍，宋初是建昌軍、江州、南康軍三地，建昌軍這時還只南城一縣〔南豐縣是淳化二年（991）割過來〕，所以人口最少的地區是江湖交匯處。這裡在太平興國年間人口稀少，當是曹翰兇殘的屠殺留下的惡果。元豐時期，末尾的三個是南安軍、南康軍、筠州，但絕對數都已大增，最少的南安軍有三點五萬餘戶，比前期的江州多一萬餘；筠州有七點九萬餘戶，相當於宋初的第四名。崇寧時期，殿後的是南安軍、南康軍、江州，它們的戶數和元豐時差不多，江州甚至有所減少。

總體上看來，贛江—鄱陽湖航道兩端地區人口少，中間的大片地區人口眾多。航道兩端的碼頭經營雖然很活躍，然而多是過往的流動人口，他們一般不會在那裡定居落籍，在以徵收賦役為目標的戶口統計中，這批人不會被當地官府檢刮進來。而以農耕經濟為主體的眾多州縣，土地對人口有最大的吸引力，發家致富與安土重遷緊密結合，因而將一個又一個的家族凝聚在這裡，形成良性迴圈的發展地區。現代社會關注的人地矛盾——人多地少造成的社會壓力，還不是當時江西的主要矛盾。

三　江西人口中在北宋總人口的比重

江西地區的人口數在總人口中的比重，從唐朝元和年間（806-820 年）開始上升，進入北宋以後，長期保持在百分之十左右的水準，與其他地區比較，處於前列位置。詳如下表所示：

· 表 2.3 北宋初年江西戶口占北宋戶口比重表

道名	戶數	百分比%	江南道中的江西州軍	戶數	江南道中戶數前十名	戶數
諸道總計	6,108,635	100	洪州	103,478	吉州	126,453
江南道	1,833,957	30.02	吉州	126,453	洪州	103,478
河南道	1,230,139	20.13	虔州	85,146	泉州	96,581
劍南道	867,488	14.20	袁州	79,703	福州	94,470
（下略）			撫州	61,279	建州	90,492
			筠州	46,329	虔州	85,146
			饒州	45,917	袁州	79,703
			信州	40,685	杭州	70,457
			南康軍	26,948	昇州	61,679
			江州	24,364	撫州	61,279
			建昌軍	18,847		
江西諸州軍	659,149	10.79			合計	869,738

資料來源：樂史《太平寰宇記》，光緒八年金陵書局刻本。此表為北宋初年情況，即《太平寰宇記》寫作的太平興國至端拱年間（976-989）。

　　南唐歸宋之際，江西地方除江州之外，沒有大的破壞，繼續比較安定地發展，表中的戶口數量，可以說是南唐以來的增殖結果。樂史遵照唐代十道的區劃來統計戶數，河南、江南、劍南三道之外其他七道的戶數都很少，多的如河北道為五十八萬餘戶，不及江西州軍合計戶數；少的如隴右道只六萬餘戶，與江西撫州相當，故略去未列。江西地區的州軍全部在江南道中，據所列各

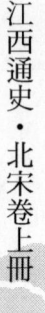

州軍分計數相加,超過了河北、山南、淮南、關西、河東、嶺南、隴右諸道,占諸道總計戶數百分之十點七九的高比重,這該是宋代長期劃分江南東西二路的基本條件。在江南道的四十八個州軍中,戶數居前十位的州中,江西有吉、洪、虔、袁、撫五個,合計戶數占此十州總戶數的百分之五十二點四四,可見江南道戶口重心向江西地區傾斜。

熙寧十年(1077年)江西的戶、口、丁數量及其在諸路中的位置,如下[13]:

· 表 2.4 熙寧十年(1077 年)江南西路戶口丁數比重

路別	戶數		口數		丁數	
	主	客	主	客	主	客
諸路總計	10,109,542	4,743,144	23,426,994	9,876,895	12,284,685	5,562,188
江南東路	902,261	171,499	1,609,612	289,843	1,019,134	186,027
江南西路	871,720	493,813	2,010,646	1,065,201	884,329	380,798
江南西路占總計%	8.6	10.4	8.58	10.78	7.2	6.8

上列戶口資料顯示,約有十分之一的戶口集中在江南西路。若就江西地區而言,儘管有一個興國軍似不能計入,但在東路十州軍之中有江、饒、信、南康四州軍應該加進來,因此,總戶口之中分布在洪、饒等十三州軍的數量,將超過十分之一。

這份資料有較高的可信度,首先,它是畢仲衍經進《中書備

13　《文獻通考》卷十一《戶口二》,檢正中書戶房公事畢仲衍經進《中書備對》之戶口數。

對》的，具有朝廷認可的權威性。熙寧年間，在此資料之外，不見有如此詳備的、涵蓋北宋各路的戶口統計資料。

其次，資料體現的戶口結構合理性，與北宋普遍的戶、口、丁三者比例關係基本上是一致的。諸路總計的戶數為 14,852,686；口為 33,303,889；丁為 17,846,872；戶口比是 1：2.24；口丁比是 1.86：1。江南西路的戶數為 1,365,533；口為 3,075,847；丁為 1,265,127；戶口比是 1：2.25；口丁比是 2.43：1。

考察深入至路以下的州軍戶口狀況，在王存《元豐九域志》標注的戶口資料中，可以得出下表：

· 表 2.5 元豐三年（1080 年）江西戶口占北宋戶口比重表

路名	戶數	百分比	江西州軍	戶數	居前十名的州	戶數
諸路總計	16,569,874	100	洪州	256,234	潭州	357,824
京東路	1,359,666	8.20	筠州	79,591	吉州	273,397
河北路	1,232,659	7.43	饒州	188,195	洪州	256,234
陝西路	1,355,244	8.17	信州	132,617	開封府	235,599
淮南路	1,357,064	8.19	虔州	98,130	京兆府	223,312
兩浙路	1,778,953	10.73	袁州	129,684	福州	211,552
江南東路	1,127,311	6.80	吉州	273,397	杭州	202,806
江南西路	1,287,136	7.77	撫州	155,836	泉州	201,406
（下略）			江州	95,384	江陵府	189,922
			建昌軍	115,208	饒州	188,195
			南康軍	70,496		
			南安軍	35,799	合計	2,340,247
江西州軍	1,719,968	10.37	臨江軍	89,397		

資料來源：王存《元豐九域志》，中華書局 1984 年版。

　　上表資料證明，距宋初百年之後的元豐三年（1080 年），江西 13 州軍擁有的人口仍然占北宋的十分之一以上。這個時期的饒州、信州、江州、南康軍劃隸江南東路，而江南西路中有興國軍，為此我們進行了加減。據各州軍的分計數得出了全江西地區的戶數，並檢出了諸路戶數最多的前十個府州的名次，江西有吉、洪、饒三州，共計有戶 717,826，占 10 府州合計戶數 2,340,247 的 30.67%，在平均數之上。就北宋全域考察，戶數超過百萬以上的有 7 路（不足百萬的均省略），淮南路居中，江南 3 路的合計戶數為 4,193,400，超過北方的 3 路（多 245,831 戶）。在江南 3 路的戶數中，江西 13 州軍共有 1,719,968 戶，占 41.02%。在江西居住的人口多，勞動力自然充足，這就為社會經濟發展準備了首要條件。

　　到了北宋晚期，江南的整體發展優勢更趨明顯，戶數最多的前 7 位、口數均超過 200 萬的路，只有永興軍路在關中，其餘六路均在江南。江西地區的戶、口總數都多出其他路，保持著領先地位。就單個州軍比較，戶數最多的前 10 名，潭州居最（戶 439，988），泉州第十（戶 201，406），江西的吉州、虔州、洪州分別居第 2、4、6 位；按口數排列，則有較大的變化，太原府第一（口 1241768），宣州第十（口 470749），吉、虔、洪州分別為 3、4、8 位，仍然凸出。詳如下表：

· 表 2.6 宗寧元年（1102 年）江西戶口占北宋戶口比重表

路名	戶數	百分比	口數	百分比	江西州軍	戶數	口數
諸路總計	20,264,307	100	45,324,154	100	洪州	261,105	532,446
兩浙路	1,975,041	9.75	3,767,441	8.31	虔州	272,432	702,127
江南西路	1,664,745	8.21	3,781,613	8.34	吉州	335,710	957,256
福建路	1,061,759	5.23	—	—	饒州	181,300	336,845
江南東路	1,012,168	4.99	2,009,997	4.43	撫州	161,480	373,652
永興軍路	1,001,498	4.94	2,779,227	6.13	信州	154,364	334,097
荊湖南路	952,397	4.69	2,180,072	4.80	袁州	132,299	324,353
成都府路	882,579	4.35	2,492,541	5.49	筠州	111,421	204,564
（下略）					江州	84,569	138,590
					建昌軍	112,887	185,036
					臨江軍	91,699	202,656
江西州軍					南康軍	70,615	112,343
	2,007,602	9.90	4,459,547		南安軍	37,721	55,582

資料來源：《宋史》卷八五至九〇，《地理志》一至六。

　　虔州戶口增加顯著，不僅在江西地區突出，在北宋各路中也是名列前 4 位之中。與它緊鄰的吉州戶口數更多，吉、虔二州戶口合計達到 608,142 戶，1,659,383 口，分別占江西州軍戶口總數的 30.29％、37.20％，已經改變了人口分布南北不平衡的格局。虔州與其東南西三邊的鄰居比較，其人口優勢更彰顯出它在東南地區的地位。《宋史‧地理志》列出虔州附近諸州元豐年間戶數

是[14]：

汀州戶 81,454，漳州戶 100,469，邵武軍戶 87,594，梅州戶 12,370，潮州戶 74,682，循州戶 47,192，韶州戶 57,438，南雄州戶 20,339，惠州戶 61,121，郴州戶 39,393。

汀、漳等 10 州軍之中，只有漳州的戶數超過 10 萬，全都大段低於虔州。它們共計有戶 582,052，虔州戶數占其 46.8％。存在這種明顯的重輕差別，故而江西兵馬鈐轄坐鎮虔州，朝廷處置該地民眾的食鹽走私，或者其他武裝動亂事件，必定首先控制虔州。以虔州控轄東南的戰略，歷朝都保持不改。

‧表 2.7 宗寧元年（1102 年）戶口最多的前十名

府州名	戶數	口數	府州名	戶數	口數
潭州	439,988	962,853	太原府	155,263	1,241,768
吉州	335,710	957,256	越州	279,306	367,390
虔州	272,432	702,127	開封府	261,117	442,940
成都府	182,090	589,930	洪州	261,105	532,446
大名府	155,253	568,976	京兆府	234,699	537,288

資料來源：《宋史》卷八五至九〇，《地理志》一至六。

江西從北宋初年至北宋晚期的一二〇餘年間，人口持續增長，戶數由六十五萬餘一增再增至二百萬餘，淨增一三四萬餘戶，超過初期的二倍。戶數超十萬的州，初期只有吉、洪二州，

14　汀、漳、郴州、邵武軍為崇寧戶數；口數隻郴州記作「138,599」。

晚期增為吉、洪、饒、撫、信、袁、建昌七州軍，顯示出全境人口普遍密集的旺盛氣象。這個時期人口上升的強勁特色，超越了歷史上任何階段。西漢元始二年（西元 2 年）至劉宋大明八年（464 年）的四個半世紀裡，江西人口大起大落，由六點七萬餘戶、三十五點一萬餘口一度上升至四十點六萬餘戶、一一六點八萬餘口；卻很快跌落，只有四點六萬餘戶、三十三萬餘口，處於最低點。隋唐大統一時代，江西戶數從八點五萬餘增加為二十九點三萬餘，歷時二百年，才淨增二十萬餘，仍屬緩慢之中[15]。對比唐末五代之後的北宋時期江西人口態勢，確信江西地區的大發展階段已經開始。

四 十三州軍的人口分布

各州軍所處位置不同，轄區大小不一，下轄縣有的多，有的少，僅是以州軍作為考察的單元還嫌疏略，有必要再按每縣平均戶口數進行分析。這種平均數不同於按國土面積折算的人口密度，或者說，從開發的深廣程度上比較，每縣平均數不如人口密度精確。但是，在單一農耕經濟占統治地位的古代，平均數的研究價值並非不重要。況且，古代的州縣政區面積，因界線無法劃定，極難計算清楚。江西十三州軍按縣平均戶數演變狀況如下表：

15　許懷林：《江西歷史人口狀況初探》，載《江西社會科學》1984 年第 2 期。

・表 2.8 北宋江西 13 州軍各縣平均戶數表

州軍名	太平興國（976-984 年）		元豐三年（1080 年）		宗寧元年（1102 年）	
	縣數	平均每縣戶數	縣數	平均每縣戶數	縣數	平均每縣戶數
洪州	7	14,782.5	7	36,604.8	8	32,638.1
筠州	4	11,582.2	3	26,530.3	3	37,140.3
饒州	5	9,183.4	6	31,365.8	6	30,216.6
信州	5	8,137.8	6	22,102.8	6	25,727.3
虔州	13	6,549.6	10	9,813	10	27,243.2
袁州	5	15,940.6	4	32,421	4	33,074.7
吉州	7	18,064.7	8	34,174.6	8	41,963.7
撫州	5	12,255.8	4	38,959	4	40,370
江州	5	4,872.8	5	19,076.8	5	16,913.8
建昌軍	1	18,847.5	2	57,604	2	56,443.5
南康軍	3	8,982.6	3	23,498.6	3	23,538.3
南安軍	—	—	3	11,933	3	12,573.6
臨江軍	60	—	3	29,799	3	30,566.3
總計		10,140.7	64	26,874.5	65	30,886.1

資料來源：各州軍轄縣數見《宋史・地理志》，並參見本書一章。各州軍戶數見表 2.5，此表不重複列出。

表中所示平均每縣戶數，顯示持續上升發展勢頭：太平興國年間超過萬戶的有洪、筠、袁、吉、撫、建昌六州軍；超過五千戶的有饒、信、虔、南康四州軍；低於五千戶的只江州。按北宋

初年所定諸縣等級，除京師赤畿外，有望、緊、上、中、下五等。四○○○戶為望，三○○○戶以上為緊，二○○○戶以上為上，一○○○戶以上為中，不滿一○○○戶為中下，五○○戶以下為下[16]。江西按縣平均戶數，太平興國江州間最低，但每縣也在所定最高標準之上；元豐年間，虔州最低，卻已接近一萬戶；崇寧以後便全部超過萬戶，最高的建昌軍達到五萬六千戶以上，總平均每縣超過三萬戶，是「望縣」標準戶數的七倍多。如此普遍旺盛的人口態勢，前所未有，這是經濟實力強勁的有力證明。

從十三州軍總計的平均每縣戶數看出，崇寧數是北宋初年數的三點○五倍。以此作為太平興國至崇寧時期江西戶口的增長指數，便可比較出各州軍戶口的增長速率。顯然，虔州、江州、饒州、撫州、筠州、信州、建昌軍七處都超過平均指數，其中以虔州最高，達四點一六。在元豐、崇寧兩次的平均每縣戶數中，超出總計平均數的則是建昌軍最高，其後是吉州、撫州、筠州、洪州、袁州、饒州。這種差異，是地區發展不平衡性的表現，既因原有基礎不同，也和各州自然條件有關，影響著它們在北宋階段的演變程度。

建昌軍在北宋的一百多年間，開發加速，人口增長始終維持領先地位。作為州級行政區，它剛建立不久，轄縣僅只一二，但開發的力量強勁，人口繁衍快。這裡統計戶數涉及的縣數更少，故而誤差可能相對地小一些，更接近實際一些。參照《地名志》

16　馬端臨：《文獻通考》，卷六三《職官十七・縣令》。

中的自然村創建材料，可以窺見到大批戶口聚集於此地的原委。資料顯示，這裡迅速增長的人口主要是墾種田地，安家立業，較少避兵逃亡，甚或流竄劫掠的成員。建昌軍治南城縣東部地區，北宋以前開基的村莊為十五姓二十四村，北宋之後又有十九姓新建三十一村。新來的十九姓是邱、傅、魯、鄧、胡、鄒、章、周、饒、黎、胥、孫、熊、吳、于、徐、朱、萬、汪、梁、梅、李、藍、石。他們遷出老家，不是逃避戰亂，皆因人丁興旺，原村莊內出現「人多地狹」的困難，需要尋求新的耕作田地，於是主動遷徙，樂意出去開拓新的家園[17]。

　　南端的虔州和南安軍，從北宋初至崇寧年間，仍然是戶口最少的所在。虔州平均每縣戶數增幅雖然大，但絕對數值並不大。太平興國時期每縣僅六五四九戶，元豐時為九八一三戶，崇寧數已大增，但仍低於平均值（30,886）。南安軍在元豐時期僅多於虔州，而宗寧時最低。換句話說，北宋時期的虔州、南安軍城鄉，還處在地廣人稀、大山長穀的荒僻狀態，等待開墾與可以墾種的潛力非常大，距離人地關係的「飽和」狀態還很遙遠。但是，另一方面也需注意，即官府在虔州掌握到的戶口，不等於當地實際居住的人數。虔州山深林密，界連閩廣湘贛四省之間，北宋時正是食鹽武裝走私嚴重地區，官府的控制力度有限，因而是避役逃民最便於隱身之地，也是對抗官府、占山築寨者的大據點。王安石《虔州學記》說，這裡是「銅鹽之販，道所出入，椎

17　詳見 1987 年《黎川縣地名志》第 12-76 頁，1985 年《資溪縣地名志》
　　第 24-138 頁。

埋、盜奪、鼓鑄之奸，視天下為多」。毫無疑問，這些「頑梗」、
「化外」人口不可能統計到。擺在江西各州軍之中，虔州、南安
軍落在後面，就其本身而論，發展速度不慢，虔州由元豐到崇寧
的二十年間，每縣平均戶數增多一點七萬餘，絕無僅有。如果與
福建、廣東兩面的鄰州比，則其人口優勢十分顯著，完全與其轄
控東南的戰略地位相稱。

　　關於人口密度，由於行政區面積難於確定，尤其是各州軍的
界域無法劃准，所以各州軍人口密度不可能得到，上述的每縣平
均戶口數大致可以當密度參考。現轉引梁方仲編制的《宋代各路
人口密度》中的部分資料，藉以估量各路之間的人口狀況。

· 表 2.9 北宋江南西路人口密度比較

路別	年度	面積 （平方公里）	口數	每平方 公里口數
各路合計	北宋	2,504,987.65	45,324,124	18.1
江南西路	崇寧元年 （1102）	131,688.84	3,643,028	27.7
江南東路	同上	86,134.95	2,148,587	24.9
兩浙路	同上	122,622.34	3,767,441	30.7
荊湖南路	同上	128,221.91	2,180,072	17.0
荊湖北路	同上	123,579.13	1,315,233	10.6
福建路	元豐三年 （1080）	127,326.09	2,043,032	16.0
廣南東路	同上	170,576.75	1,134,659	6.7

資料來源:《中國歷代戶口、田地、田賦統計》甲表 40。

上表資料是一個大概數，有多種因素需要考慮，如境界範圍、古今畝制換算、行政區的變異等。表中「江南西路」計入了興國軍，但不含江、饒、信州、南康軍，人口數字與本書經過加減後的不同。然而從這個大概數中，得知江西地區人口密度在江南各路中居於第二。在北宋諸路之中，四川的成都府路居第一（45.5），梓州路居第三（27.9），江南西路退居第四位，屬於北宋時代人口密度大的地區。

綜觀江西十三州軍，以贛江為軸心橫切三大塊，發展相對迅速的是北部和中部。但是，北部的江湖交匯地區，一因大江阻隔，農耕有限，二因兵災頻繁，使德化、湖口等縣經常遭遇破壞，戶口不易積聚。中部廣袤的丘陵地帶，土地平曠，物產富庶，社會寧靜而交通便利，故能人丁滋盛，穩定壯大，析建的新縣便主要出現在這裡。南部比較滯後，存在廣闊的人群生存空間，在這裡開墾田地，發展農林經濟的大潮，還沒有真正到來。

五　戶數與口數不協調：口作丁理解

戶口統計數字中存在戶數與口數不協調的矛盾。以宗寧元年江西戶口總數折算，平均每戶為二點二二口，即是戶與口之比例低至 1：2.2。各州之中，戶口比率最高的吉州、虔州，分別也僅為 1：2.87、1：2.59；最低的南安、建昌軍，分別只有 1：1.47、1：1.63。每戶平均人數只有二人左右，不符合歷代「一家五口」的戶型傳統，也為家庭人口的實際存在所否認，真要是每家不足三人，這個社會就將消亡，江西人口持續增漲從何談起？那麼，為什麼會出現這樣的統計資料？究其原因，不能只從

江西一地尋找。

江西十三州軍戶口數極不協調的問題，不是本身特有的現象，而是宋代各地共有的普遍問題。宗寧元年北宋總戶數為 20,264,307，總口數為 45,324,154，平均每戶的口數為二點三四，只高於江西 0.12。由此看來，《宋史·地理志》記出的這批戶口數，存在可信度問題，要麼戶數記載偏高，要麼口數記載偏低，但不可能各路各州都是如此；或者應將口數作「丁」數理解。而且，《文獻通考》戶口考、《宋會要輯稿·食貨》及《續資治通鑑長編》諸權威典籍所載戶口數，都存在同樣的疑竇。所以這是北宋統治制度本身所造成，致使官府的統計史料在形成中出現特殊性，並不是史籍記述過程造成的問題。

縱觀中國歷代家庭規模一家五口的概率，驗證社會生活中的事實，對宋代戶口史上的這個大疑團，比較合理的解釋應是：口數需作丁數理解。

宋朝學者、士大夫對此事曾有不少議論，大致是二派意見，一派主丁數說，一派主隱漏說。例如：呂祖謙認為，官府為徵收賦役，只統計丁口，不計較人數。他說：

　　大抵賦役之法，其根本一見於戶籍、丁數，若戶籍、丁產不定，雖有良法美意，亦無自而行。」為了統計丁數，「國朝丁齒，太平興國九年（984 年）江浙湖嶺令人戶以二十成丁，六十

八（入）老。[18]

李心傳則認為，口數少的原因是隱漏所致，他不說賦役徵收中的丁與口問題。他說：

> 西漢戶口至盛之時，率以十戶為四十八口有奇。……唐人戶口至盛之時，率以十戶為五十八口有奇。……自本朝元豐至紹興戶口，率以十戶為二十一口，以一家止於兩口，則無是理，蓋詭名子戶漏口者眾也。[19]

蔡攸、何志二人，於政和三年（1113年）四月二十五日，因詳定《九域圖志》，發現有戶口隱漏不實問題，兩人舉出州縣實例予以說明，他們合章上言：

> 伏見本所取會到天下戶口，類多不實，且以河北二州……之數，率三戶四口，則戶版刊隱，不待校而知。[20]

所說河北路的二州，指德州、霸州。按《地理志》，此二州

18　呂祖謙：《歷代制度詳說》卷三，《賦役》，「六十八老」，「八」字應是「入」之誤。

19　李心傳：《建炎以來朝野雜記》，甲集卷十七《本朝視漢唐戶多丁少之弊》。

20　《宋會要輯稿》食貨十一之二七。

的崇寧戶口數，德州戶 44,591，口 82,025；霸州戶 15,918，口 21,516，二州合計戶 60,509，口 103,541，戶口比為 1:1.7。

李心傳所說「詭名子戶漏口者眾」，與蔡攸、何志說的「戶版刓隱」的社會弊端，其實都是由賦役制度所致。宋代賦役實行「推排物力，以定戶等」的政策，即按財產和勞力多少劃定每戶的等級，然後按戶等確定該納的租稅和負擔的力役。民戶為了減輕負擔，便會採取各種辦法隱瞞財產，少報丁數，求得降低戶等，減少租稅徭役。所以，關於導致戶口比例不正常的兩種解釋，歸納起來是一個根源，賦役。既然統計的只是丁口，民戶又隱漏丁口，故統計到的只是部分的丁口，於是和戶數就是一與二多些的比例。賦役徵收中的苛刻與繁重，迫使民戶想方設法抵制，二者都是普遍存在，故而戶與口之數量奇特也處處皆然。在實行只統計丁的政策，與民戶隱漏丁數的行為之間，官府只計算丁口是主要的，民戶隱漏只是部分性的，只起次要的作用。

歷代王朝對戶口進行統計，都是為了掌握住民眾，以便征得賦稅和調到勞力，北宋不能例外。趙匡胤當皇帝後，很快於乾德元年（963 年）下令統計男丁數量：「諸州歲所奏戶帳，其丁口男夫二十為丁，六十為老，女口不須通勘」[21]。在這個政策指揮下，各州縣當然只注意男丁數量，不會計較百姓中的老小和婦女人數。可是，在史籍記載上，宋人往往將「丁口」與「人口」混用，很隨意，不去嚴格區分。也許當時的人習以為常，由賦役而

第二章・戶口增多與勞動人口的分布

丁口，觀念上成了思維定式，一說人便只想到丁。每個時代都有自己的流行話語，過去時代的省略用語，約定俗成的社會行情，後代的人就難於理解。因此，史籍上的「口數」宜作「丁數」理解，才能讀懂普遍存在的戶多口少、不合常情的統計資料。

我們取得這點共識以後，再來看每戶平均只有二個多男丁，就能和一家五口的通例相適應。景祐年間（1034-1038年）葉清臣上疏說：「景祐元年天下戶一千二十九萬六千五百六十五，丁二千六百二十萬五千四百四十一」[22]，在《續資治通鑒長編》上，這一年的戶口統計卻是戶 10,296,565，口 26,205,441[23]。數目完全相同，但「丁」寫成「口」。這個戶口之比，即是戶丁之比為 1：2.5，和崇寧元年戶口之比一致，證明崇寧的口數實是丁數。

江西的實際也是如此。王安石曾說過，「撫之為州，民之男女以萬數者五六十」[24]，他是撫州人，對家鄉情況熟悉，對鄉親數量的概述不會是不著邊際的。而崇寧時撫州戶數為十六萬餘，口數為三十七萬餘，每戶平均二點三一口，比例符合北宋總體水準，而男女人口數量卻比王安石所說少了許多。在《同治臨川縣誌》中記景定年間（1260-1264年）撫州的戶丁數是：「撫州戶 247,329，丁口 557,479」，二者之比為 1：2.25，和崇寧撫州戶口

---

22 《宋史》卷一八四《食貨・茶》。
23 《續資治通鑒長編》卷一一五。
24 《王安石全集》卷八三，《撫州通判廳見山閣記》。

之比相同。

　　對「口數」的男丁性質分析以後，我們再來觀察宋代江西的人口數。依「一家五口」的傳統規模推算，宗寧時江西二〇〇萬餘戶，五倍之則為一〇〇〇萬餘口，這有沒有可能？回答是肯定的。宋代江西廣泛開墾梯田，手工業的各個行業普遍興旺，社會生產需要有充足的勞動力。遇上災荒年景，地方官請求賑濟饑民，這時會注意男丁之外的人口，例如朱熹在南康軍知軍任上，碰到大旱災，疏請賑災，開列南康軍饑民 29,578 戶，內大人 137,607，小兒 90,276，合計 227,883 人，平均每戶七點七人[25]。其次，從環境與人口的關係上看，在一九〇年後的至元二十七年（1290 年）江西有一四二五萬人，而這是江西在宋元之際幾十年戰爭摧殘之後的數字。

　　以上是認定戶數可靠而口數應看作男丁的分析。在此同時，也要承認居次要的一面，「分戶析產」是宋代社會的通病，戶數也不是完全符合實際的。南城李覯曾揭露出一個極端的事例：

　　裡中一老婦，行行啼路隅。自悼未亡人，暮年從二夫。寡時十八九，嫁時六十餘。昔日遺腹兒,今茲垂白須。子豈不欲養？母豈不懷居？徭役及下戶,財盡無所輸。異籍幸可免,嫁母乃良圖。[26]

25　《晦庵集・別集》卷七《奏乞推賞賑濟上戶》。
26　《李覯集》卷三五《哀老婦》。

為求減輕徭役負擔，尤其是抵制「徭役及下戶」的苛政，不得不走「異籍」一途，以求「倖免」，這就有了要六十多歲的老母親出嫁的慘事。建昌軍南城縣人「分戶析產」的方式，決不是絕無僅有，逃避繁重賦役的現象也非個別地區，所以人數少的小戶人家隨處都有。當然長期每戶少到只兩個多一點人數就奇怪了。

折衷強調丁口的賦役政策，與「分戶析產」弊病兩種實情，既要承認戶數中有析出的小戶，更應注意「口數」是「丁數」的實際。此外，各地還存在一批「同財共居」的義門大戶，他們在人口數中的分量也不應忘記。所以，戶口中的成分構成，所蘊含的社會關係，值得深入研究。

第二節 ▶ 戶口結構與家族

一　民戶的分類

北宋戶口制度繼唐、五代的遺緒而定。大致上說，首先，按民眾居住地區分，有坊郭戶和鄉村戶之別。坊郭戶，指居住在州縣治所等地的城鎮人戶，城鎮居民多了，必需作為法定戶口分類的一種，這也是城鎮商業經濟活躍的結果。不論是住在城鎮還是鄉村，人們稱呼坊郭戶和鄉村戶之時，常是指主戶，如太宗時下詔，嚴禁北邊糧食走私，凡有「坊郭、鄉村諸色人戶」向遼朝走私糧食者，不論多少一律「處斬」。這可能是戰時政策，但表明了所指的走私者是有田地、有糧食的主戶。神宗施行「免役

法」，曾詔兩浙路「坊郭戶不及二百千，鄉村戶不及五十千，並免輸役錢」[27]。免役法實施的物件本就是主戶，但坊郭戶與主戶不是同一個概念，凡是居住城市之人，都包含在坊郭戶之內。

其次，按百姓身份區別，有官戶與民戶之分。官戶，在唐代是指隸屬於官府的奴隸戶，由「配隸諸司」、「配隸沒官」的罪犯及其所生子女而來，這些人在州縣無戶貫。趙匡胤當皇帝不久，基於穩定統治秩序需要，於乾德元年（963）頒行《宋刑統》，其中繼續《唐律》中有關官戶條文精神，說「官戶者，亦謂前代以來配隸相生，或有今朝配沒，州縣無貫，惟屬本司」[28]。但是，隨著社會形勢發展，北宋的官戶已變為「品官」之人，起了實質性的變異。引起這種變異的社會原因，以及變異的基本過程，是唐宋歷史階段上的緊要課題。大約在仁宗時期，官戶已是指官紳富豪了。天聖年間（1023-1032），福建莆田縣有人「與官戶、形勢（戶）計會」，反對這些富豪霸占當地陂塘，「百姓爭訟，州縣一向抑迫，不與申理」[29]。州縣不與百姓申理，是迫於官戶權勢，故而壓抑百姓。官戶享有減免差役、科配的特權，家中有人是現任權貴，就可由民戶改為官戶，辦理嚴格的手續：「諸被受省曹謄降到聖旨、若朝旨，或直承處分以民戶改作官戶，或依官戶例減免差役、科配之類，並行訖，限當日實

27　《宋會要輯稿》食貨六六之四二。
28　《宋刑統》卷六。
29　蔡襄：《蔡忠惠公集》，卷二二《乞複五塘箚子》。

封申審尚書戶部」[30]。官戶的認可，由朝廷的戶部審核備案，可見受到高度重視。

官戶與形勢戶往往聯在一起，因為形勢戶是有權勢的人戶。形勢人戶，早在唐代已見記載，但作為正式的戶口類別是在北宋。太祖開寶四年（971）因為民戶倚仗「形勢」而「輸租違期」，下詔「諸州府並置形勢版簿，令通判專掌其租稅」[31]。編制「形勢版簿」，即是設立專門的形勢戶冊子。形勢戶主要指各種胥吏，「謂現充州縣及按察司吏人、書手、保正、耆戶長之類，並品官之家，非貧戶弱者」；「諸縣稅租夏秋造簿，其形勢戶每名朱書『形勢』字以別之」[32]。由此看出，在法律文書中，形勢戶的涵蓋面比較寬，衙門中的吏人、書手，民間的保正、耆戶長，以及品官之家都在內。官吏富豪難於分割，他們擁有權勢與財富，故而官私文書中常見官戶、形勢戶連在一起議論。編制專門的「形勢版簿」，或標注紅色「形勢」二字，都在告訴世人，這批人戶是社會上的強勢群體，不能等閒視之。

再次，依據占有土地財產狀況，區分為主戶與客戶，這是宋代戶口版簿中最具特色的內容，而「客戶」也是宋代最值得注意的階層。

30　《慶元條法事例》卷一六《詔敕條制》。
31　《續資治通鑑長編》卷一二，開寶四年正月辛亥。
32　《慶元條法事例》卷四七《違欠稅租》、《稅租簿》。

二　主戶與客戶

在官府的戶口統計中，照例都會將主戶、客戶區分登錄。北宋繼承五代遺制，在剛建立的建隆元年（960），就下令「據諸州現管主戶」，「升降天下縣望」[33]，即重新劃定縣的望、緊、上、中、下等級。宋代的客戶，沒有戶籍的含義，不是指僑居的客民，而是經濟狀況上與主戶的區別。簡單地說，凡是佔有土地的人戶劃為主戶，不占有土地的劃為客戶。擁有土地者要交納賦稅，故主戶又稱稅戶，「稅戶者有常產之人也，客戶則無產而僑寓者也」[34]。所謂「僑寓」，實是備作佃耕。客戶中多數是佃農，佃戶，一部分是貧民。雖然客戶中有的可能是由外地遷來，因破產貧窮而為人佃耕。但是，佃耕者不等於都是外來的破產農民，而外來者之中也有官紳富戶，如前述的南昌李寅、南豐呂氏、臨川饒氏。正由於主客戶之分是以有無土地財產為界限，所以不是一成不變的，主戶倘若失去土地便降為客戶，客戶一旦開墾得到無主荒地，有了自己的耕田，即升為主戶，要向官府繳納田賦。

依照上節所述，戶口統計為的是徵收賦稅，口數作丁數看待，那麼，戶數統計就只需登錄主戶，毋需考慮無地而不納稅的客戶。實際相反，戶口資料中恰恰有比較詳備的客戶資料。官府掌握客戶多寡的目的何在？難道是因其有上升為主戶的可能？這

33　《宋會要輯稿》食貨六九之七七。又，《續資治通鑑長編》卷一，建
　　隆元年十月壬申。

34　《宋會要輯稿》食貨一二之一九。

個疑問尚待研討。

主戶、客戶之分，不僅是對鄉村戶而言，也反映在坊郭戶中。在徵收稅租的政策中，規定要將坊郭戶、鄉村戶的主戶與客戶的人丁狀況分別記錄清楚。例如，《撫州府志》徵引《景定志》載：

主戶：十七萬一千三十。坊郭戶一萬七千五百四十；鄉村戶十五萬三千四百九十。

客戶：七萬六千二百九十。鄉村戶六萬三千二百四十三；坊郭戶一萬三千四十八。[35]

儘管《景定撫州志》反映的是南宋中期的撫州資料，但是作為戶口劃分政策，應是繼承了北宋的傳統，對瞭解北宋的戶口狀況仍有重要的參照意義。現在我們看到的許多宋代戶口資料，都省略了主客在坊郭與鄉村戶中的區分。然而，在農業社會中（不獨是北宋），農村人口是最主要的，從事農業的人口占絕大多數，其中有的人也居住在城鎮。如《景定撫州志》所顯示的，則是詳盡的主客戶分布資料：

主客合計 247,320 戶，其中鄉村戶 216,733，占 87.63%；坊郭戶 30,588，占 12.37%；

35　光緒《撫州府志》卷十四。

主戶占 69.15％，客戶占 30.84％。

按居住地區分，主戶中的坊郭戶占 10.25％，鄉村戶占 89.74％；

客戶中的坊郭戶占 17.10％，鄉村戶占 82.89％。

這就清楚地告訴我們，撫州的農村人口雖然很多（占 87％以上），但其城鎮人口——坊郭戶已有百分之十二以上。其次，城鎮中的主戶少，客戶也比較少，表示從事手工、商貿等非農業人口在城鎮占主導地位。總體上看，主戶在人口總數中占三分之二以上，他們中約百分之九十的人是農民，居住在鄉村——這可以看作是北宋江西的一般狀況。

主客戶的劃分與登錄，普遍而長期地存在於北宋各個州縣，數量很多，變化複雜，包含著土地占有關係與階級結構的複雜內容，使抽象的戶口數位因此而充實、形象化了，讀者可以從中窺見到該地的貧富分化、階級結構等方面的現狀，以及發展態勢，是瞭解當時社會生活實情的重要素材。下面對北宋江西各州軍主戶、客戶數量的增減變化，進行總體觀察，具體資料如下：

· 表 2.10 北宋江西十三州軍主戶客戶統計表

州軍名	太平興國間（976-984）			元豐三年（1080年）		
	主戶	客戶	合計	主戶	客戶	合計
洪州	72,350	31,128	103,478	180,760	75,474	256,234
筠州	29,396	16,933	46,329	36,134	43,457	79,591
饒州	22,805	23,112	45,917	153,605	34,590	188,195
信州	28,199	12,486	40,685	109,410	23,207	132,617
虔州	67,810	17,336	85,146	81,621	16,509	98,130
袁州	44,800	34,903	79,703	79,207	50,477	129,684
吉州	58,673	67,780	126,453	130,767	142,630	273,397
撫州	—	—	61,279	93,915	61,921	155,836
建昌軍	11,002	7,845	18,847	89,582	25,626	115,802
江州	12,319	12,045	24,364	75,888	19,496	95,384
南康軍	14,642	12,306	26,948	55,527	14,969	70,496
南安軍	—	—	—	34,024	1,775	35,799
臨江軍	—	—	—	68,286	21,111	89,397
合計	392,636	266,513	659,149	1,188,726	531,241	1,719,968

資料來源：太平興國數據《太平寰宇記》卷一〇六至一一一；元豐數據《元豐九域志》卷六。）

1. 客戶

上表內容告訴我們，太平興國年間江西客戶總數為二三五，

874，占主客合計戶數 597，870[36]的 39.45%；元豐時期客戶總數
為 531,241，占主客合計戶數 1,719,968 的 30.88%，下降了約 6
個百分點。客戶減少，即是占有土地的農戶增多，在一定程度上
反映出墾種地域擴大的趨勢。深入觀察各州軍主客戶數量變化，
不難發現丘陵山區的州軍客戶比重相對更小，下降的幅度更大。
以表（2.7）所列各州軍主、客戶數為依據，算得各州軍客戶所
占比重及其變異狀態如下：

· 表 2.11 江西 13 州軍客戶比重變化表

州軍名	客戶占總戶%		州軍名	客戶占總戶%		州軍名	客戶占總戶%	
	太平興國	元豐		太平興國	元豐		太平興國	元豐
洪州	30	29.4	袁州	43.7	38.9	南康軍	45.6	21.2
饒州	50.3	18.3	撫州	—	39.7	臨江軍	—	23.6
虔州	20	16.8	信州	30.6	17.5	南安軍	—	4.9
吉州	53.6	52.1	筠州	36.5	54.6			
江州	49.4	20.4	建昌軍	41.6	22.2	江西合計	39.45	30.88

　　客戶比重比較小，下降幅度比較大的有南安軍、虔州、信

36　因撫州戶數未區分主客，此處的主客戶數及合計數中都沒有計入撫
　　州。表 2.10 中則將撫州戶數平分，加入主客計算，故合計數更大。

州、饒州、江州、南康軍、建昌軍七處，其中虔、信、南安、建昌四州軍都是丘陵山地，墾種拓展更顯著的地區，即在無地佃農通過加倍勞動墾荒，而獲得一小塊耕地的空間更大的所在。尤其是虔州，相對地曠人稀，在宋初（包含南安軍）的比重就很低。因此，這些州軍主戶人口增長的程度也相應更高。饒、江、南康三州軍在鄱陽湖區，客戶比重下降更快的原因，可能與航運、漁業發達，單純從事種植業的農戶更少有關係。

從總體上考慮，客戶的比重大，無地農民的生活處境很窘迫。太平興國時期客戶為二十六萬多，元豐間為五十三萬多，在總戶數中的比重雖然由三十九點四五下降為三十點八八，比北宋總體平均數低[37]，但高於江東、河東、兩浙等路，居第八位。客戶長期佔百分之三四十，是近三分之一左右的廣大農民群體。客戶的生活情況複雜，各地區之間有不小的差別，但共同的特點是，「佃人之田，居人之地」，稱之為「浮客」[38]；「貧者……乃依人莊宅為浮客耳」[39]；「乃鄉墅有不占田之民，借人之牛，受人之土，庸而耕者」[40]。佃種富豪的田地而交納田租，故稱「佃客」。還有「牛客」（自有耕牛的佃戶）、「小客」（自家無牛的佃戶）。佃客向富豪地主交租，有的是收穫穀物的一半，稱對分

---

37 《續資治通鑒長編》卷三一〇，元豐三年主戶 11,244,601。丁 16,236,430；客戶 5,485,903，丁 7,594,351。主客合計戶 16,730,504，丁 23,830,781。客戶占總戶數的 32.8%。

38 《李覯集》卷二八《寄上孫安撫書》。中華書局，1981 年版。

39 《李覯集》卷一六《富國策二》。

40 石介：《徂徠集》卷下，《錄微者言》。

制；無牛的小客，要交六成，甚至按三七分；如果佃客既無牛又無農具，則要交納八成，勞作終年只能得到十分之二。此外，還有名目繁多的額外剝削。所以，雖然墾種地域擴大了，卻仍然是階級對立嚴重，貧富懸殊。平民思想家李覯指出其原因是：「耕不免饑，土非其有也」；「貧者無立錐之地，而富者田連阡陌」[41]。李覯是南城人，一生主要在家講學和著述，他所說社會情狀，首先是南城縣周圍地區的現實，同時也是江西其他州軍，乃至更廣大地區的一般情況。

2. 主戶

主戶的構成主要是以財產為標誌。按財產多少劃分五個等級。對財產的計量則隨鄉土所宜，分別用四種辦法：「或以稅錢貫百，或以地之頃畝，或以家之積財，或以田之受種，立為五等。就其五等而言，頗有不均，蓋有稅錢一貫，或占田一頃，或積財一千貫，或受種一十石為第一等；而稅錢至於十貫，占田至於十頃，積財至於萬貫，受種至於百石，亦為第一等。其為等雖同，而貧富甚相遠。」[42]這裡列出的四個定等依據，歸納起來是兩個。「稅錢貫百」即按田地徵收的夏稅錢，「田之受種」是指依下種數量確定田地廣狹，二者與「地之頃畝」是一回事，只是各從不同側面去考核占有土地的多少。這是其一。另一種是「家之積財」，它包括土地（田畝物力）、浮財（房屋、農具、牲畜、

41　《李覯集》卷二〇《潛書一》。
42　《續資治通鑑長編》卷三七六，元祐元年四月。

林木等，稱實業物力），合在一起為家業錢。同為第一等戶，不同地區的財產差距達十倍。總體上看，依占有土地數量劃分戶等是普遍性的。

一等戶，一般指占有三頃以上田地的民戶。有的多達幾十頃、上百頃，稱為出等、高強、無比、極力戶，往往即是官僚大地主。

二等戶，占田地二頃左右。

三等戶，占田地一頃左右。

一二三等戶通稱上戶，人們認為「乃從來兼併之家」[43]。「兼併之家」的含義難於確指，可理解為有能力擴大土地占有量，在增殖財富過程中，會採取不仁義的手段，損人利己；他們對土地的經營，主要是出租土地、剝削佃農，因此，可以泛指富紳地主。

四等戶，占田地五六十畝。

五等戶，佔有田地二十畝以下。四五等戶通稱下戶。有時人們將三四等合在一起稱「中下之家」，約等於比較富裕的自耕農。下戶也被稱作貧民，他們的「田業隴畝之多寡無甚相遠，粗糲不充，布褐不備，均未免凍餒之憂」[44]。田少而衣食不充足，碰上天災人禍，這些下戶有可能破產，田地被富裕上戶兼併，而賦稅卻仍在自己名下，「產去稅存」，戶籍雖然還在主戶之中，

43　韓琦：《韓魏公集》，卷一八《家傳集》。
44　《續資治通鑑長編》，卷三六二，元豐八年十二月丙寅。

實際則是「無產稅戶」。

在主戶的五個等級中，第四、五等下戶占絕大多數。北宋中期，張方平於慶曆元年（1041 年）上仁宗的奏疏中說：「天下州縣人戶，大抵貧多富少，逐縣五等版簿，中等已上不及五分之一，第四第五等戶常及十分之九。」[45]照此推算，元豐間江西的一一八萬餘主戶中，約一〇六萬餘戶為下等戶。由此可以知道，只有小塊土地和沒有土地的佃客是農民的主體，江西快速增長中的人口，主要就是這些下等農戶。

三　主戶中的大家族

江西各地的上等戶中，有不少家大業大的大家族，在當地有很大影響。有的著稱於地方，得到官府表彰，成為州縣的支柱；有的稱霸橫行，為害鄉里，擾亂地方，受到懲處。

1. 孝義家族

《宋史・孝義傳》中查到的江西「孝義」大家族有八家：

許祚：江州德化人，八世同居，長幼七百八十口。

李琳，信州人，十五世同居。

俞雋，信州人，八世同居。

胡仲堯，洪州奉新人，累世聚居，至數百口。他家建學舍於華林山別墅，「聚書萬卷，大設廚廩，以延四方遊學之士。淳化中（990-994 年），州境旱歉，仲堯發廩減市直以賑饑民，又以

45　張方平：《樂全集》，卷二一《論天下州縣新添置弓手事宜》。

私財造南津橋。太宗嘉之，除州助教，許每歲以香稻時果貢於內東門。」「淳化五年（994年）其弟仲容進京賀壽寧節，太宗召見，特授官為試校書郎，賜袍笏犀帶，以及禦書。

陳兢，江州德安人，「義門」陳氏之後。當其父輩時代，已是十三世同居，長幼七百口。淳化元年（990年），江州知州康戩奏報說陳兢家食不足，「詔本州每歲貸粟二千石」。其侄陳旭為家長時，全家千口。至道初（995年），參知政事張洎對太宗說：「旭宗族千餘口，世守家法，孝謹不衰，閨門之內，肅於公府」。「真宗大中祥符四年（1011年）陳旭被命為江州助教。仁宗天聖元年（1023年），旭弟蘊繼續為助教。

洪文撫，南康軍建昌（今永修）人，「六世義居，室無異爨。就所居雷湖北創書舍，招來學者」。南康軍將其家事蹟報到朝廷，太宗派人賜給禦書百軸。文撫遣弟文舉入京「貢土物為謝」，太宗書「義居人」三字賜之，命文舉為江州助教。至道三年（997年）八月，「又詔表其門閭。自是每歲遣子遞入貢，必厚賜答之。」

瞿肅，建昌軍人，宋真宗時其家百五十口，四世同居，「長幼孝悌，鄉人化之」。宋真宗下詔「蠲其課調」。

顏詡，吉州永新人，「一門千指，家法嚴肅，男女異序，少長輯睦，衣架無主，廚饌不異」。義居數十年，終日怡愉。

以上這些以「孝義」著稱的大家族，有幾個共同特點，一是久不分家，歷世同居，人多族大；二是長幼孝悌，「家法嚴肅」，能約束眾多的家族成員，謹守官府政令，對當地有表率作用；三是多有家族書院，甚至「聚書萬卷」，供子弟讀書，或延招學者

交流；四是與官府關係密切，貢獻土特產品，獲得朝廷嘉獎，或者「蠲其課調」，或者得官位。總而言之，這些大家族對地方治理、安定社會有利，起到了「鄉人化之」的作用，故而事蹟被採入國史，留傳了下來。（有關「義門」家族的生活情況，第六章還會詳談）

2. 豪霸家族

在孝義型大家族之外，還有一批豪霸型的大家族。他們占有大片田產，對朝廷不恭順，在地方藐視官府，不奉官法，欺壓小民，劣跡昭彰，大都被稱作惡霸豪強。例如：饒州浮梁縣臧有金，饒州豪民白氏，撫州民李甲、饒英，監江軍的諸豪大姓之家等。

南城等地方，還有豪強大戶奴役很多養女，招兵入贅，侵吞贅婿衣糧的奇異剝削現象。

南城的這種豪強兼併之家，是在做販賣人口的生意，以出賣養女肉體作釣餌，在侵吞兵卒衣糧的同時，並獲得紡績奴婢，擴充其家庭手工作坊的勞動力。

兼併之家通過對農民佃戶的殘酷剝削，霸占田地，奴役人口，對官府也常有冒犯行為，因而會遭到比較剛正的官員的懲治。對這些奴役大量客戶耕作的豪霸，以資財稱雄鄉里，乃至「武斷鄉曲」者，也有人發表不同的看法。例如，李覯提出可以對他們採取正面利用的政策，他皇祐四年（1052 年）十一月寫信向江南西路安撫使孫沔建議：

古之治民唯欲富庶，今之治民特惡豪右。夫富豪者，智力或

有以出眾，財用亦足以使人。將濟艱難，豈無其效？今之俘客，
佃人之田，居人之地者，蓋多於主戶矣。若許富人置為部曲，私
自訓練，凡幾度試，勝兵至若干人，或擒盜至若干火者，授以某
官，仍寢進納之令，以一其志。凡人既得以兵自防，又得以官自
進。苟有餘財，其誰不勉？

在這裡，李覯對富豪採取分析的態度，前述的兼併者以養女
招兵入贅、侵吞衣糧的行為，他斷然譴責；同時認為富豪者是
「智力出眾」所致，他們有「財用足以使人」的實力，可以發揮
他們「將濟艱難」的潛能。至於浮客多於主戶的現實不必憂慮，
可以允許他們將佃客編制成「部曲」，以便地方「得兵自防」，
而富豪「得官自進」。所以，地方長吏不宜「惡豪右」。如此方
案，該是借鑒了魏晉時代世族的家兵、部曲制度，是其身居鄉里
而心憂朝廷的積極設想。仁宗時期的北宋社會，內憂超過外患，
所謂盜寇「一年多似一年」，「一夥強似一夥」，尤其是嶺南爆發
儂智高叛亂，朝野上下更是紛紛議論對策，尋求強化統治的妙
方。當時能像李覯這樣以平民身份，積極建言獻策，可謂絕無僅
有。很顯然，這是他《周禮致太平論》、《慶曆民言》系列政治
思想的一個具體體現。這是其一。

其次，對富豪群體不是簡單的厭惡，憎恨，而是揭露其劣
跡，肯定其積極方面。他在這裡所論的富豪，明顯不是只就孝義
大家族而言，而是將豪強富室通包在內。主張「治民唯欲富
庶」，反對「治民特惡豪右」。李覯有不少「摧制兼併」的意見，
這裡表述的是不能籠統地「惡豪右」——打擊富豪。他認為，如

果讓富豪編練部曲以自衛，並且授官以勸進，「苟有餘財，其誰不勉」，對地方治安必定有利。這種較開明的政治主張，十分難得，也是他積極的政治思想的反映。

第三章 ——

農業生產的
發展

　　農業，是立國之本。北宋對農業生產採取積極發展的政策，陸續頒行了招集流亡，賑濟饑民，廢除煩苛，蠲免逋租，減輕稅負，推廣占城稻種，鼓勵江南種麥，興修農田水利，承認佃戶有更多的人身自由，等等。江南地區的農業，對北宋立國至關重要，而江西十三州軍又是江南的一個主要地區，因此，北宋朝廷特別重視江南，重視江西地區。隨著北宋統治日趨穩定，以農業為軸心的社會經濟總體向前推進，江西的農業繼續獲得新的發展。

　　江西社會經濟是在南唐已有基礎上提高的。北宋併吞南唐之時，江西各地除江州受破壞嚴重之外，基本上都是完好的，民眾仍然生活於安定的家園，故而人口增，生產旺。南城李覯向朝中大臣直陳天下利害時說：江淮「耕有餘食，織有餘衣，工有餘材，商有餘貨。」開礦鑄錢，燒瓷製茶，財用不窮。水行陸走，饋運而去，「而不聞有一物由北來者」，成了國家的重要財富基地。實在的客觀經濟成就，讓人們堅定地判斷出：「當今天下根本，在於江淮。天下無江淮，不能以足用；江淮無天下，自可以為國。」[1]李覯江淮富實的判斷是客觀的；江西經濟振興的成績，是這種論斷的確切依據。在農業經濟領域，主要表現在生產技術改進、水利工程興修、耕地面積擴大、糧食產量豐盛、經濟作物繁多等方面。

1　　《李覯集》卷二八《寄上富樞密書》。中華書局 1981 年版，第 302頁。

第一節 ▶ 農耕工具的改進與應用

一 鐵鋤與耕牛

我國傳統的農業生產工具發展至北宋時代，已經全面定型化了，新的進步是某些方面的改進與推廣應用。從以下的點滴事實中，可以窺見一般概況。開墾土地使用鐵鋤，耕地使用鐵犁。一九七三、一九七六年在雩都縣的唐代墓中、一九八〇年在大庾縣的隋末唐初墓中都有鐵鍤出土，證明這種起土用的鐵工具晚至唐朝的贛南，農民還在使用。到了北宋，起土功效更高的鐵鋤，已在贛北武寧縣出土。農業出版社一九八一年的《農業考古》創刊號封三，刊出了一件武寧縣的鐵鋤，其形制已經與現代鐵鋤完全一樣，性能也該是一致的。約嘉祐二年（1057 年），王安石《和聖俞農具詩十五首》中有《錢鎛》、《耰鋤》二首，錢鎛是中耕的工具，「欲收禾黍善，先去蒿萊惡」；耰鋤之功用，超過爭戰的兵器，「君勿易耰鋤，耰鋤勝鋒鏑」。

耕牛是農耕主要畜力，人們對耕牛非常愛惜，十分看重。一九七二年江西省考古工作隊在鄱陽縣團林鄉北宋施氏墓中，發掘出隨葬鐵器五件，其中四件為鐵牛，牛的形制大小一致，長十八釐米，高十點五釐米。墓主施氏是鄱陽名臣龍圖閣待制熊本之妻，其娘家「為江左名家」，本人「以懿淑柔慧之姿，高於族屬」，是遠離農耕的貴婦人，在她的墓中竟然放有四條鐵牛為冥器，正是民間高度重視農業與耕牛的反映。愛惜牛力的風尚，在詩人的作品中也有反映，《和聖俞農具詩十五首》之十《耕牛》，訴說著牛的辛勞與貢獻：

朝耕草茫茫，暮耕水濔濔。朝耕及露下，暮耕連野出。
身無一毛利，主有千箱實。睨彼天上星，空名豈餘匹。

之十五《牛衣》則展示了牛的困苦以及主人對牛的愛護：

百獸冬自暖，獨牛非氈毛。無衣與卒歲，坐恐得空牢。
主人複護恩，豈啻一綈袍。問爾何以報，離離滿東皋。

「離離滿東皋」與「主有千箱實」，這是耕牛對主人呵護的
回報；而耕農的全部努力，也就是企求田野禾苗茂盛，秋來有個
大豐收。

二　糧食加工工具

對稻穀的篩選，王安石《和聖俞農具詩十五首》中有《颺
扇》，描寫篩選的情狀是：「精良止如留，疏惡去如擯。如擯非
爾憎，如留豈吾吝。無心以擇物，誰喜亦誰慍。翁乎勤簸揚，可
使糠秕盡。」由此看來，農夫篩除糠秕的工具「颺扇」，很可能
是簸箕，也有可能是風車。脫粒的工具，已見石磨、石臼。石
磨，用以磨去稻穀殼。一九七七年在贛州市七里鎮的宋代瓷窯遺
址中發現石磨盤一件，形制與現代的石磨相同。磨盤中區為圓形
磨台，台的中心有一圓孔，備裝磨軸之用。檯面刻有斜紋磨齒。
磨盤外區為漏漕，漕外開有一流。磨盤外沿作七瓣葵花形邊，是
唐宋時期流行的葵式銅鏡作風。石磨結構與功能的寫實製作，是
藝人對生活有體驗，而配以葵花形外邊，則是特意的藝術加工。

石臼，可用以舂米，退去粗皮。黃大臨在萍鄉給弟庭堅的詩有云：「早秫旋舂嘗曲糵」。南昌洪芻《田家謠》也說：「大婦碓舂頭鬢疏，小婦拾穗行餉姑。」一九七九年在寧都縣璜陂鄉宋元瓷窯遺址近旁的河床上，出土了十二件石臼，排列在一條直線上，它們大小相仿，上部略大，下部略小，檯面略呈方形，面邊長五十二～五十七釐米，臼深三十釐米，直徑三十六釐米。可能因長期使用所致，臼面磨損嚴重。「這種石臼見於唐代渤海國舊京城遺址」，故其年代應當是宋代的。這麼多石臼排列於窯場附近的河沿，表明它們是用來舂碎瓷土的，同時又說明「勞動人民已經充分利用水力資源為動力，把單臼的人力石碓發展成為多臼的水碓，從而把這種單一用於糧食加工的農業機械，推廣到陶瓷工業的加工上去，發揮了更大的作用。」[2]

據江西省博物館《館藏農業科技文物目錄》所載，出土的糧食加工工具，還有進賢縣政和七年（1117 年）墓中出土的瓷磨、瓷杵臼。貯存糧食的穀倉，在墓葬的冥器中也有出土：武寧縣一九七二年出土的陶倉（北宋），宜春縣一九七七年出土的青瓷倉（宋初），以及崇仁、樂安、東鄉、清江等地出土的影青瓷倉（宋）、南昌、新淦出土的陶倉（宋）。穀倉當作隨葬品普遍出現，應該是農業發達、糧食（稻米）成為財富的主要象徵之反映。

2　薛翹：《記贛南出土的古代農具·石臼》，《農業考古》1981 年第 1
　　期。

三　插秧、灌溉工具

秧馬，是拔秧或插秧的輔助工具，形狀如小凳，但面板微凹，四隻腳下還裝置有一塊略微上翹的底板，人坐凳上，能較快地在水田中滑行，進行拔秧或插秧操作。此種秧馬於北宋中期在湖北流行，紹聖元年（1094 年）蘇軾貶往惠州，途經吉州泰和縣，看到曾安止《禾譜》之後，讚賞其「文既溫雅，事亦詳實」，然而惋惜他沒有記述農器，特將自己寫的《秧馬歌》贈安止，附在《禾譜》之後，讓它們一道流傳開來。蘇軾《題秧馬歌後》說：「吾嘗在湖北見農夫用秧馬行泥中，極便，頃來江西，作秧歌以教人。」[3]秧馬這種比較快速而省力的輔助工具，遂在江西使用起來，農民稱之「秧馬凳」或「秧凳」。

平原、丘陵地區農田的灌溉機具——水車、筒車，也已出現並在推廣應用。筒車，多使用於丘陵山坡地帶，在水流湍急的河溝中，或攔河築壩束水，使流速增大，再在其上安裝木質轉輪，大圓輪上捆紮若干竹筒，輪盤受水衝擊轉動時，下部沒入水中的竹筒灌進水，而上部竹筒中的水即流進溝渠，上下翻轉，不停的提水倒水，故名筒車，亦稱水轉翻車。寧都璜溪瓷窯的石臼排列河岸，顯然是在河上築壩束水，衝擊安裝在水渠中的筒車轉動，

3　《三蘇全書‧蘇軾文集》卷九〇。語文出版社 2001 年版。蘇軾《秧馬歌》引文說：「予昔游武昌，見農夫皆騎秧馬，以榆棗為腹，欲其滑；以楸桐為背，欲其輕。腹如小舟，昂其首尾，背如覆瓦，以便兩髀。雀躍於泥中，系束槁其首以縛秧。日行千畦，較之傴僂而作者，勞佚相絕。」

帶動連杆上的石杵進行舂碓的，與此同時，不停地把河水提升上來，沿溝渠流進了較高的田地中，不費人力，即可獲得灌溉效益。此種機具多了，詩文中遂有描述，梅聖俞詠《水車》云：

既如車輪轉，又若川虹飲。能移霖雨功，自致禾苗稔。
上傾成下流，損少以益甚。漢陰抱甕人，此理未可念。

王安石的和詩云：

取車當要津，高潤及遠野。與天常幹旋，如雨自深瀉。
置心亦何有，在勿偶相假。此理乃可言，安得圓機者。

上引梅王二人唱和詩描述的水車，顯然都是筒車。至於平曠田地使用的水車，如撫州臨川等地又稱龍骨車，是用方形小木片製作出幾十節鏈條，套裝在約一丈長的木漕中，架在水塘邊，一頭浸在水中，用力手搖，另一種是腳踏，轉動鏈條，將水刮載（車）上來，流進田中。故而說到這類水車的詩句便是「遙聞青秧底，複作龜兆坼……翛翛兩龍骨，豈得長掛壁」（王安石《寄楊德逢》）、「山田久欲坼，秋至尚求雨……龍骨已嘔啞，田家真作苦」。（王安石《山田久欲坼》）筒車、龍骨車素來受到農民歡迎，長年使用，直至二十世紀中期，江西各地農村還能見到。

第二節 ▶ 農田水利工程的興修

一 江湖防洪堤岸的興建

在江河湖泊沿岸建築堤防，保護農田，防止水患，改善灌溉條件，對糧食農業生產十分有利。北宋期間，江水泛溢使贛江中下游兩岸城鄉受災較多，故堤岸工程主要見於洪州、臨江軍、南康軍、虔州轄區江湖沿岸。

洪州：

南昌縣的贛江大堤，從唐元和三年（808 年）韋丹興築之後，維持至北宋已經潰壞。北宋前期，洪州知州程師孟督民重修，史稱「積石為堤，浚章溝，揭北閘，以節水升降，後無水患」[4]。他主要做了三件事：沿贛江築起石堤，疏浚贛江下游的分支——豫章溝，再建了一座水閘。有了這樣幾項工程，南昌一帶就可以防治洪水向兩岸氾濫，引導江水快速流入鄱陽湖，又能治理內澇。幾十年之後，贛江沿岸堤防再一次維修加固。仁宗時期，贛江堤又損壞嚴重，洪州知州趙概看到「州城西南薄章江，有泛溢之虞」，遂調民「作石堤二百丈，高五丈，以障其沖，水不為患」[5]。

豐城縣的贛江堤，始築於唐永徽年間（650-655 年），到北宋天聖、明道年間（1023-1033），再次築成石堤，「凡三級，級

---

4 《宋史》卷三三一《程師孟傳》。
5 《宋史》卷三一八《趙概傳》。

高一丈，袤一百五十丈」[6]。

臨江軍：

清江縣沿贛江岸邊，築有破坑堰、桐塘堰，用以「捍江護田及民居地，凡二千頃」。[7]堰，是橫截河水的低矮堤壩，或為集中流量以便航運，或為引水入渠灌溉沿岸農田。破坑堰、桐塘堰可以「捍江護田及民居地」，可能是半截漫水矮堤，擋住部分江水往另一側奔流。

南康軍：

星子縣東南緊接鄱陽湖北端水域，凡出江入湖的舟船，過往的商客，進出的官宦士大夫，都要經由此處。但是要找附近可以停泊的港灣，上水要走三十里至渚溪，下水需行五里至神林鋪，唯獨縣城近傍是高崖竣岸，風大浪湧，難於泊停，非但往來之船無休息補給之處，縣城居民之舟，驛站遞運之舫，亦無停靠的碼頭。所以，商旅不停，貿易蕭條，官民貧困。元祐中（1102-1106 年），南康知軍吳審禮創築避風港區，「柵木為障」，阻隔洪濤巨浪。崇寧中（1102-1106 年），知軍孫喬年進一步壘石為堤，增強港灣抗禦風浪的能力，「內浚二澳，可容千艘」[8]，大大改善了航船停留泊岸的安全條件，在此停泊的舟船增多，促進了航運與商貿的發展。

6　光緒《江西通志》卷六四《水利》。
7　《宋史》卷四三三《程大昌傳》。
8　《明一統志》卷五二，《南康府·石堤》。

‧贛江龜角尾「水窗」（圖版 2）

虔州：

州治贛縣是贛江上游的航道中心地，北有萬安至贛縣航道的礁石險灘，州城所在又值章貢二水交匯，城牆長年在江水波濤衝擊下，很易潰壞。嘉祐年間（1056-1063 年），知州孔宗翰主持加固城基，「伐石為址，冶鐵錮之，由是屹然」[9]。熙寧年間（1068-1077 年），知州劉彝又於州城牆「作水窗十二間，視水消漲而啟閉之，水患頓息」[10]。所謂「水窗」，現在我們還能在龜

9　《宋史》卷二九七《孔道輔附宗翰傳》。
10　同治《贛州府志》卷四二，《官師志‧劉彝》。

角尾的牆根看到，它可以啟閉而制約江水消漲，防治浸灌與內澇，此「水窗」實際上即是水閘，但形制上有其特色。（圖版 2）

江湖堤岸水閘工程，有著防洪澇、護田地、便航運等多種作用，各依其所在而作用有所側重。這些堤岸堅牢與否，直接關係著農業、農村與農民的利益，而這也是全社會的利益。贛江之外的撫河、信江、饒河、修水等河沿岸，尚未找到有關堤岸水閘等工程建設的史料，這可能是研究工作不深入細緻所致，或許是這些地區的植被非常好，經濟開發尚有限，河水泛漲造成的災損小，故而堤岸水閘的建設還沒有受到社會注意。

二　陂壩池塘的修築

丘陵地帶約占江西全境三分之二面積，廣袤的低丘農田是江西的主要耕作區，然而地段位置不同，有的附近有河流，有的反是，灌溉不易，故此農民因地制宜，修築了不少陂壩，攔水引流灌溉；或在低窪地挖塘，蓄水備用。

吉州：

泰和縣槎灘陂。該陂建於五代末或北宋初年，座落在今泰和縣禾市鎮的禾溪上游與邑水合流後的河道上，西距縣城約六十里。創建人周矩。康熙《西江志》稱：「陂長百餘丈，灘下七里許修築碉石陂，約三十丈。又於近地鑿渠為三十六支，分灌高行、信實兩鄉田無算。」[11]《西江志》即江西省志，它對槎灘陂

11　康熙《西江志》卷一五《水利》。

・泰和縣搓灘陂

的功能概述比較清楚，而關於創建的始末則沒有寫。二〇〇二年一月我到當地調查，發現周矩之孫周中和在皇祐四年（1052年）寫《槎灘碉石二陂山田記》刻石立碑，該碑現在螺溪鄉爵譽村周氏祠堂。碑記中有關文字如下：

里之有槎灘、碉石二陂，自余周之先禦史公矩創始也。公本金陵人，避唐末之亂，因子婿楊天中竦守廬陵，卜居泰（太）和之萬歲鄉。然里地高燥，力田之人歲罔有秋，公為創楚。於是據早禾江（今名禾溪）之上流，以木椿竹條壓為大陂，橫遏江水，開洪旁注，故名槎灘。灘下僅七里許，又伐石築減水小陂，瀦蓄水道，俾無泛溢，穴其水而時出之，故名碉石也。乃稅陂近之地，決渠導流，析為三十六支，灌溉高行、萬歲兩鄉九都稻田六

百頃畝，流逮三派（此為地名）江口，匯而入江（指贛江）。自近徂遠，其源不竭。昔凡磽确之區，至是皆沃壤矣。

既而慮椿條之不繼也，則買參口之椿山，暨洪岡寨下之篠山，歲收椿木三百七十株，架洪水（木？）三株，茶葉七十斤，竹條六百四十餘擔，所以資修陂之費，而不傷人之財。二世祖僕射羨公，以先公之為猶未備也，又增買永新縣劉簡公早田三拾陸畝，陸地五畝，魚塘三口，佃人七戶，歲收子粒，貯以備用，所以給修陂之食，而不勞人之餉。……**12**

據康熙《西江志》記載，周矩是後唐天成（926-930 年）進士，則碑記所說「避唐末之亂」的「唐」，當是後唐或南唐，由此推定槎灘陂創築在五代末或北宋初。該志稱陂「長百餘丈，灘下七里許築凋石陂，約三十丈。」陂，是攔河而築的矮壩，可引水灌田，或集中水流以利航運。此陂以木椿竹條築成，故名槎灘陂。周矩、周羨父子合力建好的槎灘陂，攔阻禾溪水，使流往東北方向的河水改向東南奔流。他們不僅建成引水灌田管道，還購置田產備作維修費用，考慮得細緻而長遠。（圖版 3）

12　該碑為明正統年間重刻，現立於泰和縣螺溪鄉爵譽村周氏祠堂內，文中「架洪木三株」，不知確切含義，或許指橫架在閘口之處的梁木。周羨所買永新劉簡公之田產，據民國 22 年《泰和南岡周氏爵譽僕射派陽岡房譜》卷 6《吐退文約》，是「莊田三十六畝五分，陸地五畝，居屋一十七間，火佃七戶，魚塘四口。」碑記全文及槎灘陂詳情，見許懷林《槎灘陂──千年不敗的灌溉工程》、《漆俠先生紀念文集》，河北大學出版社 2002 年版。

作為周氏一族修築起來的槎灘陂，在宋真宗時期經歷了一個由私陂向公陂轉變的過程。《槎灘碉石二陂山田記》繼續寫道：

先是，山田之入，皆吾宗收掌支給。由（南）唐迄今，靡有懈弛。至天禧間，祖德重興，一時兄弟皆濫膺官爵，不遑家食。前之山地田塘，悉以屬□地諸□□□□業者理之，供賦贍陂，歲有常數。凶歲不至於不足，樂歲之羨餘則以償事事者之勞，斯固謹始慮終，圖為永久雲。

為維修槎灘陂而置辦的山田產業，從周氏家族自己管理，轉為當地諸受益家族掌理，整個水陂產業的產權性質必然隨之而變。導致這種變化的根本原因，可能是有關家族經濟利益之爭引起，但在直接層面上的表現，卻是周氏家族由鄉戶向官戶的轉變，以他們的主動轉讓而實現的。查《泰和縣誌》、《江西通志》的進士名錄，天禧年間（1017-1021 年）及其以前，爵譽周氏還無人中進士，周中和是第一個，時為天聖二年（1024 年），官至屯田員外郎。因此，這種由私而公的轉變顯得更具積極意義。周家自己無人掌管得了，而陂渠河水流淌在三十六條支渠，灌溉的農田非周氏一家之地，涉及的家族還有蕭、康、蔣、胡、李、劉諸大姓，企圖一家稱雄，壟斷其利，勢所不能；而因渠水招來的爭鬥，不可避免，後果勢必兩敗俱傷。周中和代表家族宣示，順應客觀形勢，將自家的陂渠交由眾家共理，由一家之利變為眾家共用，促成地方和諧興旺，這是十分開明之舉。他寫此碑的用意在彰顯父祖功德，同時告誡子孫謹記：

先公之善，不特一鄉而已。為子孫者，當上念祖宗之勤，而不起忿爭之釁；均受陂水之利，而不得專利於一家」，「苟或傾圮不治者，亟修葺之；侵漁不軌者，疾攻擊之。

後來的事實證明，周氏家族權益之轉讓，不論是主動或被迫，都值得肯定；「不起忿爭之釁」的警告生效，──當地不見有因陂渠而打鬥的記錄，而經常修葺陂渠則是事實。槎灘陂順利成為高行、萬歲兩鄉〔大觀二年（1108年），萬歲鄉改名信實鄉〕的公產，當地鄉紳不斷主持維修，對它的管理措施在後來更趨具體，也比較合理，所以直到千年之後的今天，仍在發揮灌溉效益。

萬安縣，在北部蘇溪鄉境內建有梅陂。梅陂建在蜀水中游，創築時間不詳。據同治《萬安縣誌》記載：「宋明道二年（1033年），何嗣昌以寺丞知龍泉縣事。縣之禾蜀舊有梅陂，灌田二百餘頃，歲久湮沒。景祐初（1034年），何嗣昌修復之。」修復的梅陂，是用亂石柴草壘成。該陂也因注重維修，故而世代使用不絕，抗日戰爭期間改名為萬安渠，一九五一年更名梅陂渠，至今仍有灌田效益。一九五四年前，該陂所在的蘇溪由萬安縣劃歸泰和縣，梅陂渠相應移交泰和縣管理[13]。

---

13 詳見《泰和縣誌》卷一一第五章第二節。中共中央黨校出版社 1993 年版。為什麼龍泉知縣主持修復萬安縣的梅陂？看同治《萬安縣誌》紀事，似乎那時該地為龍泉縣轄區。如果是這樣，當地改歸萬安又在何時？此疑點尚待考證。

龍泉縣（今遂川縣），建有北澳陂、南澳陂。北澳陂又名虎潭陂，在縣城泉江鎮西郊右溪河下游，肇創於南唐，北宋時重修加固，引水東下灌田，並為縣城濠溝充水，護衛城池。南澳陂又名大豐陂，北宋景祐年間（1034-1038 年）知縣何嗣昌主持修築，建在縣城西南部的左溪河下游，引河水至黃塘鵝鴨洲與達溪小河水匯合，再築橫痕陂攔水東流，灌田約六〇〇〇畝。皇祐二年（1050 年），知縣陸若濟得知北、南二澳陂已經「潰決壅塞」，即率民「開築，深浚之」，恢復了它們的灌溉功能。北澳、南澳二陂，歷代維修保護至今，仍是縣內重要的引水工程[14]。

安福縣，治平年間（1064-1067 年）知縣黃中庸主持修築寅陂。陂在縣西安福鄉七里山瀘水河上，「築堤潴水，灌田一萬三千畝」。《明一統志》稱：「至今民享其利」。[15]

永新縣，北宋前期築有袍陂，座落縣城禾川鎮約三里的西光村，在禾水中游河床上，打木樁堆石成矮壩，引水灌田。相傳築陂時，丞相劉沆（995-1060 年）脫袍置工地以示支持，故名袍

14　詳見《遂川縣誌》第十三篇第一章第三節，江西人民出版社 1996 年版。此處何嗣昌與泰和縣何嗣昌重出，都是據新修縣誌，但《泰和縣誌》注明轉引自同治志（第 468 頁），而在「歷代縣官表」中不列（第 242 頁）。《遂川縣誌》則在「政務」與「水利」都標明何嗣昌是遂川縣令，時間一作明道二年（第 213 頁），一作景祐間（第 444 頁），前後只差一年。由此看來，似應相信《遂川縣誌》。但《明一統志》卷五十六吉安府「名宦」中無何嗣昌，《宋史》也無他的傳記，沒有更多的資料參考，尚難決斷，故都寫出，待考。

15　光緒《江西通志》卷六四《水利》；《明一統志》卷五十六《吉安府・寅陂》。

陂[16]。

撫州：

臨川縣，嘉祐四年（1059 年）知縣謝卿材重築千金陂等九座陂壩。千金陂坐落縣東南撫河上，始建於唐，後多次潰決，又多次維修。繼謝卿材之後，熙寧年間（1068-1077 年）知縣謝洞又維修一次，使千金陂等工程繼續發揮引水灌溉效益。

袁州：

宜春縣，至道三年（997 年）、天禧三年（1019 年）、宣和六年（1124 年），先後三次對約二百年前創建的李渠浚治整修，使其仍能「引仰山水至郡城，灌田二萬畝」[17]。

萍鄉縣，蘆溪鎮的袁水上原有神陂，攔河開圳，引水貫穿市中，「蔭田常豐」。大觀三年（1109 年）被山洪沖毀，至宣和六年（1124 年）知縣鄭強督民修復，恢復了神陂的灌溉功能。也許是這次對陂壩作了新的改進，效益更好，故「民德之，因號鄭公陂」[18]。

各種陂堰堤工程的興修，抗禦著水患，保護了江河兩岸農田，改善著低平地區的灌溉條件，促進了農耕生產，提高了農業經濟水準。吉州泰和、龍泉諸縣陂壩的增多，尤其是它們產生了非常長遠的灌溉效益，與生產開發區的擴大緊密相聯，構成互為

16　劉沆，永新縣禾川鎮霧源村人，皇祐三年（1051 年）任參知政事，至和元年（1054 年）升同中書門下平章事。

17　光緒《江西通志》卷六四《水利》。

18　光緒《江西通志》卷六四《水利》。

因果關係，對當地農業經濟的發達，以致教育文化事業的昌盛，都有極大的作用。

陂壩建築多，設計與施工經驗相應豐富，技術水準也就更高。江西民眾這方面的特長得到官府的重視。熙寧變法時期推行農田水利法，中書省於熙寧八年（1075 年）九月五日奏報：「訪聞深、祁、永寧等州軍葫蘆、滹沱、沙河、新河山水泛漲，例皆沖決岸口。所有合修完堤防及開浚淤澱，欲令外都水監丞及水利司檢計施行」。神宗批准中書省的建議，八天後又下詔：「江南西路轉運司訪作陂匠人，優給路費，仍與大將驛料赴司農寺」。[19]調江西築陂工匠去河北修築陂塘堤防，改變一般的攤派勞役作法，並且讓陂匠享受大將級的旅途待遇，表明朝廷的急切心情和對江西陂匠的信任態度。

已有的陂塘堤壩中小型的居多。鄉間小河上的滾水陂壩，或是壘石堆成，或加木樁攔護，基礎不牢實，抗禦水流衝擊的性能低，若是遇到大洪水，多半被沖毀。所以容易潰壞，維修負擔重，極少有像泰和槎灘陂那樣設置專項山田，保障適時興工維修的經費開支。

諸州陂壩的修建與維護，有一部分是地方紳士、家族出資並主持進行，如槎灘陂的創築，是最好的典型；再如德興的張氏，是當地經營農業、礦業的官紳望族，在北宋中期，德興、樂平二縣之間的一座大水陂，「浸溉甚廣，而善決」，因工程浩大，一

19 《續資治通鑑長編》卷二六八。

般人不敢攬這件事。張潛去看了之後說「此易與爾。不一勞不久逸，不漸費不永寧」。於是，他出資雇工，買來土石等材料，一舉阻塞了決口，「使水道與陂面平，迄今無患，遠近取以為法」[20]。這裡所說的「今」，指徽宗崇寧末，表示了此陂已幾十年沒有決口。

地方長官承擔著興修農田水利的責任，北宋朝廷規定：知州、知縣有「勸課農桑」的職責。真宗景德三年（1006 年）二月三日，「定知州兼管內勸農使」[21]將主持興修水程工程，作為法定的官府事務。故而多數陂塘堤壩修築事蹟，都與某個長官聯在一起。州縣長官的優劣由此可見一斑。往往是立志為民興利者少，只圖享樂與升官者多。因此，水利工程興廢不定，效益時有時無，不能長期持續發揮，經常處於「淹廢歲久」與「力複其舊」的緩慢迴圈狀態。

第三節 ▶ 梯田的不斷墾闢

一 吉州、撫州等地的梯田

隨著平原低地耕墾日益充分之後，不斷加多的人口帶來的壓

20　《通直郎張潛行狀》，陳柏泉《江西出土墓誌選編》，江西教育出版社1991 年版，第 85 頁。

21　《續資治通鑑長編》卷六二。

力，促使農民逐步墾闢崗地和低山地，將大小丘陵變成了耕作區，於是世人面前出現了梯田。從唐後期到宋代，江西的梯田不斷擴大增多。

贛中的吉州是一個典型地區。泰和縣位贛江中游沿岸，為吉泰盆地的中心部分，又西接井岡山區，有大片的高崗及山地。發展至北宋中後期，泰和的耕種區域已深入遠郊岩穀之中。農學家曾安止對家鄉的情景是這樣描述的：「自邑以及郊，自郊以及野，峻岩重穀，昔人足跡所未嘗至者，今皆為膏腴之壤。」由郊外擴展至「峻岩重谷」之區，應是經過較長歲月的勞作，反映出墾闢高丘陵與山地的浪潮已興起很久了。曾氏概括性的評述，可以在黃庭堅的詩文中找到印證。

神宗元豐四年（1081 年），黃庭堅任泰和知縣。次年，為官鹽專賣事他到西部鄉村走訪，寫出了十多首詩，抒發見聞感慨。其《上大蒙籠》詩前半闋曰：「黃霧冥冥小石門，苔衣草路無人跡。苦竹參天大石門，虎远兔蹊聊倚息。陰風搜林山鬼嘯，千丈寒藤繞崩石。清風源裡有人家，牛羊在山亦桑麻。」

《勞坑入前城》詩中說：「刀坑石如刀，勞坑人馬勞。……白狐跳梁去，豪豬森怒嗥。……山農驚長吏，出拜家騷騷。」

《丙辰仍宿清泉寺》詩曰：「山農居負山，呼集來苦遲。」

《彫陂》曰：「彫陂之水清且泚，屈為印文三百里。呼船載過七十餘，褰裳亂流初不記。……知民虛實應縣官，我甯信目不

信耳。僧言生長八十餘，縣令未曾身到此。」[22]

　　上面摘錄的詩句中，大蒙籠、大小石門、勞坑、刀坑皆地名。彫陂，當即上述槎灘陂的附屬工程，在縣城西部約六十里處。山區農民的生活環境在詩中得到生動而具體的反映。依山而居，隔山為鄰，夾河谷相望，若走來相聚，至少需大半天。然而山坡地段已墾種成熟，「牛羊在山亦桑麻」，原是虎、兔、豪豬、狐狸出沒之區，現在已有山農的屋宇了。黃庭堅不辭辛勞，深入山鄉採訪民情之舉難能可貴，然而若是深山沒有變成「膏腴」的農田，村莊不在山坑之中，他也不會到「無人跡」的荒野中去。八十多歲的老僧說，沒有見到縣令過彫陂，由此可以想見當地改變荒涼的努力，至少已經八九十年了。又，由此看出上述槎灘陂的創建，對當地農耕生產的作用非同小可。

　　撫州、建昌軍在盱江─撫河流域，丘陵山地的開墾也比較普遍。南豐縣曾致堯說：「盱江南北地方千里，田如綺繡，樹如煙雲，原隰高下，稍涉腴美則鮮有曠土。」[23]曾致堯（946-1012）為曾鞏祖父，所說情景是南唐至北宋前期的現實。到了北宋中後期，耕墾地域進一步拓展。例如南城縣麻姑山，農民繼續在此墾種不止，將高山谷地耕作成了不愁水旱的良田。曾鞏描寫其情景是：

22　《黃庭堅選集》，黃寶華選注，上海古籍出版社 1991 年版，第 132-142頁。

23　曾致堯：《春日至雲莊記》，見正德《建昌府志・秩官》。

麻姑之路摩青天，蒼苔白石鬆風寒。

峭壁直上無攀援，懸磴十步九曲盤。

上有錦繡百頃之平田，山中遺人耕紫煙。[24]

　　麻姑山距南城縣城西二十餘里，今天坐汽車盤旋直上約需一小時，才能到達宮觀所在，即「絕頂上」人間仙境，這裡的水稻田，竟然「水旱之所不能災」，「其獲之多，與他壤倍」[25]，曾鞏驚歎這是「天遺此以安且食其眾」──梯田耕作之成效在麻姑山極為顯著。

　　撫州的地理條件與建昌軍相同，民風習俗一樣，梯田也日見增多，故王安石概括地說「撫之為州，山耕而水蒔，牧牛馬，田虎豹」[26]。農耕不僅在平衍低地進行，而且向山坡地拓展了。

　　梯田沿山而上，當你站在山腰，抬頭望，逐級如梯，田在頭上；往下看，層層跌落，田在足下。不論耕耘與收穫，無不受爬山之勞累。歐陽修《愁牛嶺》曰：「邦人盡說畏愁牛，不獨牛愁我亦愁。終日遶山行百轉，卻從山腳望山頭。」[27]

　　日出勞作，日落收工，耕種山坡梯田，人牛俱困，但已是農民最大的希望所在。

24　《曾鞏集》卷四，《麻姑山送南城尉羅君》，中華書局 1984 版。
25　《曾鞏集》卷一七《仙都觀三門記》。中華書局 1984 版。
26　《王安石全集》卷八三《撫州通判廳見山閣記》。吉林人民出版社，
　　1996 年版。
27　《歐陽修全集》居士集卷一一。中國書店 1986 年版。

江州廬山地區，也開墾出一批山坡梯田。熙甯年間，陳舜俞謫監南康軍酒稅，在廬山腳下買山田耕作，他寫《濂溪》詩曰：「豈無城中居，高牆圍大屋。愛比原野間，山靜溪水綠。人家買良田，歲取十千穀。我耕山下土，所獲亦以足。藜羹佐淵魚，晨炊買樵木。……乘霜歸荒徑，趁雨添新斸。應恨公未歸，公貧猶待祿。」詩中所說的「我耕山下土」，自然不是陳舜俞本人實際勞作，他身邊還有「童僕」侍候，而是表達他在山中購置土地，使荒辟之區變成了田園。「乘霜歸荒徑，趁雨添新斸」，可以理解為對荒地的開闢。

　　在廬山之下買山田而居的士大夫，比陳舜俞更早的如劉渙，於仁宗時退隱廬山，歐陽修賦《廬山高》贈之，說「羨君買田築室老其下，插秧盈疇」；李常寫《劉凝之墓誌銘》，說他「卜廬山之陽以居，五畝之宮，灌園茹蔬」。

　　大約同時的周敦頤，他自己《題濂溪書堂》曰：「廬山我所愛，買田山之陰。田間有清水，清泚出山心。……窗前即疇圃，圃外桑麻林。芋蔬可卒歲，絹布足衣衾。」[28]也都不同程度地促使廬山腳下山地開發，水稻與桑麻作物增多起來。

　　還有一個不該忽略的事實是，山間處處的佛寺，都是一個又一個個大小不等的「疇圃」，即便是衰落者也不例外，惠洪說：

28　《周敦頤全書》卷五，江西教育出版社 1993 年版，第 288 頁。「濂溪」，一作「瀯溪」；「所愛」，一作「久愛」；「圃」，一作「囿」；「芋」，一作「千」。

「寺已餘十僧，田不登百數」（《七月十三日示阿慈》）。元豐年間，蘇轍貶謫筠州（治今高安），路過江州，游廬山山南諸寺觀，站在白鶴觀前，見到五老峰山下的景致是：「浮雲有意藏山頂，流水無聲入稻田。」[29]贊甯弟子顯忠的詩云：「牛羊數點煙雲遠，雞犬一聲桑柘深。高下閑田如布局，東西流水若鳴琴。更聽野老談農事，忘卻人間萬種心。」禪農結合的清規生活，已是北宋僧眾的普遍樣式，不獨是禪僧。故此寺廟與耕田同在。高山密林，水源豐沛，座落山腰的梯田，總有流下的山水灌田，栽種水稻。

二　耕地面積的擴大

　　陂堤堰塘等農田水利工程，於防洪護田同時，增強了灌溉效益，更因梯田墾闢的地域拓展，使江西全境的耕地面積擴大，以水稻為主的糧食產量增加。現有史料中的耕地面積資料有兩個：

　　一是神宗時期王安石推行農田水利法，熙寧三年間至九年（1070-1076 年）新開闢的水利田處數與畝數如下[30]：

29　《三蘇全書》蘇轍集卷一〇，《游廬山山陽七詠》。語文出版社 2001年版。

30　《宋會要輯稿》食貨六一，上。

· 表 3.1 熙甯年間水利田增加數量

路別	新增處數	畝數	占總計數%	每處平均畝數
江南西路	997	467,481	1.30	468.9
江南東路	510	1,070,266	2.97	2098.5
諸路總計	10,803	36,036,886	100	3335.8

　　僅就新增水利田面積論，江南西路在各路中居第十三位，屬比較少的路分。這可能是那時可耕地區已經基本耕作出來，可闢為水利田的荒地很少了，而且分散在各個丘陵山谷之間，所以表現出新增的水田處多而面積小，平均每處的田畝數遠比諸路平均數少；而新增點很多，分布很廣，則是各州縣農村都有水源可資利用所致。

　　二是元豐三年（1080 年），檢正中書戶房公事畢仲衍寫入《中書備對》的熙寧十年開封府界、十八路的官民田地數目[31]：

31　《文獻通考》卷四，田賦田。

· 表 3.2 熙寧年間江南西路田地面積

路別	田地（畝）	其中民田	占田地%	占諸路總計%	
諸路總計	461,655,557	455,316,361	98.63	100	
江南西路	45,223,146	45,046,689	99.61	9.8	
江南東路	42,944,878	42,160,447	98.17	9.3	
其他各路的田地畝數是：					
開封府界	11,333,167 畝	京東路	25,828,460 畝	京西路	20,562,638 畝
河北路	26,956,008 畝	陝西府路	44,529,838 畝	河東路	10,226,730 畝
淮南路	96,868,420 畝	兩浙路	36,247,756 畝	荊湖南路	32,426,796 畝
荊湖北路	25,898,129 畝	福建路	11,091,453 畝	成都路	21,606,258 畝
梓州路（田在山崖，難記頃畝）		利州路	1,178,105 畝	夔州路	224,497 畝
廣南東路	3,118,518 畝	廣南西路	12,452 畝		

　　上列諸路的耕地面積，除淮南、陝西之外，都比較少。江南西路田地面積，在各路中僅次於淮南路（9,735 萬餘畝）。高於陝西路（4,471 萬餘畝），居第二位；江南東路居第四位。

　　江西地區全境的十三州軍之中，四個（江、饒、信州及南康軍）隸屬江南東路。所以，考察江西全境的耕地，需要加進東路的這四州軍，同時減去西路的興國軍。因為找不到各州軍的田地分計數，只能按平均值推算。東路轄十州軍，平均每州軍得田地四二九萬餘畝；西路轄十州軍，平均每州軍為四五二萬餘畝。加

減之後，江西全境為 5,786 萬餘畝[32]，占諸路總計的比例上升為 12.5%。基於這個耕地面積數，所以上面第一點作出「可耕地區已經基本耕作出來」的判斷。

北宋江西耕地多至 4,500 萬到 5,700 萬畝以上，有可能嗎？光緒《江西通志》的田賦部分，將宋代田畝寫作「15 萬餘頃」，如果刻印不錯，則明顯是對 45 萬餘頃的懷疑與否定。然而，《江西通志》的數字小得難以置信，不可能和當時的人口與縣治數量相適應；也沒有其他資料可供參考旁證。相反，45 萬餘頃雖然偏高，但卻是可以理解、能夠接受的。因為，北宋諸路的田地總數上升，太祖開寶九年（976 年）為 2,953 萬餘畝，太宗至道三年（997 年）為 3,125 萬餘畝，真宗天禧五年（1021 年）為 5,247 萬餘畝，英宗治平三年（1066 年）為 4,400 萬餘畝，神宗元年六年（1083 年）為 4,614 萬餘畝。首尾兩次相比，上升了 1.56 倍。墾田面積增加的根本原因，是勞動人口繁多，它和戶口增殖必然適應。同一時間的戶數依次為 309、413、867、1291、1721 萬餘戶，首尾相比，上升了 5.57 倍。而江西地區的戶口數，如上節所示，在諸路中是增長最快的，那麼，它的墾田面積也必然相應地增加。

認定 45 萬餘頃耕地面積偏高，還因為將它與今天江西全省耕地面積比較。今天全省面積相當北宋江西地區的 13 州軍，耕地面積只有 4000 萬畝，少於 45 萬頃。但是，今天的城鎮市區、

第三章・農業生產的發展

路路交通、工礦建築、居民住宅，以及各種公共設施所占去的土地面積——其中大部分是可耕地，則是北宋時代無可比較的。扣除這個因素，故說北宋的四十五萬餘頃是偏高而可理解的。

其次，唐宋兩代江西的縣治數量，也顯示出很大差距。從唐初至元和間約一九〇年間，縣數由二十三增為三十七，多十四個；北宋時江西繼南唐縣治大增之後，再增十三個，經歷的時間約一二〇年。縣治在較短時期內持續增多，正如上節所述，是人口與耕地大幅度上升的結果。正是根據這樣的社會實際，宋史專家漆俠教授指出：北宋的墾田數額「不僅是前代未曾達到，即使是後來的元明兩代也未超過」；「江南西路是宋代人口增加最快、墾田增加最多的地區」[33]。其實，我們不需要拘泥於絕對數字，而是綜合考察社會經濟狀況，可以從農業興旺的事實中，看到北宋江西耕地迅速增加的形勢。

33　漆俠《中國經濟通史・宋代經濟卷》，經濟日報出版社 1999 年版，第 65、70 頁。為便於比較，這裡將我在《江西史稿》中編制的明代江西省戶口、耕地面積數附錄於下：

時間	戶數	口數	田地數
洪武 26 年（1393）	1,553,923	8,982,482	43,118,600
弘治 4 年（1491）	1,363,629	6,549,800	40,235,247
萬曆 6 年（1578）	1,341,005	5,859,026	40,115,127

轉錄於《江西史稿》，江西高校出版社 1993 年版，第 506 頁。

三 水旱災害與生態環境

農耕經濟離不開水土，最害怕水旱等災害。北宋時期江西發生的自然災害以水旱災為多，對農業生產造成了損失。從發展的眼光看，這時的水旱災情相對較輕，農業生態環境總體上良好。

1. 以水災占多數的自然災害

北宋時期江西地區自然災害不算嚴重，但防災能力很弱，基本上沒有防護設施，處於「任其自然」狀態，廣大民眾在災害面前只能「聽天由命」。據地方誌資料，各州軍記下的自然災害以水災居多，其次為旱災。疫病、冰雪、蝗蟲、饑饉等災害偶有出現。

水災：

受害範圍在兩個州軍以上的災年六次，受災地小而災情重的年份一次，分別是：

淳化元年（990 年）：夏六月，吉州大雨，江漲一丈三尺，漂壞民田廬舍。江州水漲二丈八尺。秋七月，洪州江水漲，壞城三十堵，漂民舍二千餘戶。遂川、泰和、新淦、吉安諸縣受災。

大中祥符三年（1010 年）：夏六月，吉州、臨江軍並江水泛溢，害民田。秋七月，袁州水漲，害民田，墮州城。泰和、清江、萬載、宜春、分宜受災。

大中祥符四年（1011 年）：洪州七月江漲，筠州、袁州水漲，害民田，壞州城。豐城、九江、高安受災。

景祐三年（1036 年）：夏六月，虔、吉等州水，（有）溺死者。袁州大雨，水驟漲，淹民廬舍、官署、倉庫。筠州久雨，遂川、吉安、宜春、高安、南城、寧都受災。

皇祐二年（1050年）：夏六月，信州、建昌軍大水，水破城，沒官舍，淹民居。上饒、廣豐、弋陽受災。南城龍安鄉山水發，斬大樹，瀦大屋，民有不得其屍而殯者。

治平元年（1064年）：洪州大水，建昌軍大水。

個別年份洪水兇猛，但受災地域較窄，如景祐元年（1034年），修水沿岸的分寧、武寧二縣山洪暴發，分寧漂溺民居二百餘家，死者三百七十餘口。

以上七個年份的大水災，受害地點集中在江河沿岸城鎮，農田受害的面積、損失程度都沒有記載。

旱災：

次數少，受災縣分不多。見於記錄的九年次：景祐二年（1035年），樂平旱。嘉祐二年（1057年），奉新旱。熙寧三年（1070年），鉛山春旱。元豐元年（1078年），鄱陽旱。元豐七年（1084年），鄱陽、浮梁旱。元符元年（1098年），寧都大旱。建中靖國元年（1101年），上饒、弋陽旱。大觀二年（1108），江西諸州皆旱，夏六月至冬十月不雨。大觀三年（1109），金溪大旱，六月至十月無雨。撫州旱，自六月至十月，田土盡裂，作物枯死。

其中旱情涉及全省範圍的是大觀二年，但是，這次旱災造成什麼樣損失，不見紀錄。旱情比較重的是大觀三年，撫州的農作物枯死。其他年份受旱地域只是一二個縣，而且沒有災損情事。

氣象災害。大雨雪，雍熙二年（985年），星子、都昌冬天大雨雪，江水凍合，可勝重載。會昌、大庾十二月大雪，牛畜凍死，江水凍十日乃解。

蟲災。記錄了一次,大中祥符九年(1016 年)新幹縣秋螟起。

饑饉。記錄了三次:景德元年(1004 年),全省諸州饑,金溪大饑。景德四年(1007 年),信州、鉛山、弋陽饑。皇祐二年(1050 年),南城夏天大水災後,大饑。熙寧三年(1070 年),鉛山春旱之後,大饑。對饑饉的求助,僅見大中祥符三年(1010 年)八月,江州知州王濟「督官吏為糜粥」,並「錄饑民為州兵」,據說「所全活甚眾」[34]。荒年選兵,賑濟之時擴充了兵員,得一箭雙雕之效,是宋朝的祖傳統治術。

蛟害。這可算是江西地方特有的災害。鄱陽湖水深面闊,魚鱉任便繁殖,漢晉時即發現有「蛟」為害。大中祥符三年六月,出使江西的內侍趙敦信返京上言:「江中有蛟為行人害,舟筏多覆溺者。」真宗乃令南康軍長吏祭蛟」。[35]把「蛟」當神供奉,可見對其敬畏心重。

總體上看,北宋時期江西災情輕,災損小。比較多發的水災出現在真宗大中祥符三、四年,地域是贛江中下流沿岸縣鄉,表現為暴雨驟漲,持續時間不長。淹及沿江農田,但「民田不至全傷」[36]。在北宋一六七年間,江西地區較大的水災七次,平均每二十三點八六年一遇,證明當時生態環境好,森林茂密,水土流

34　《續資治通鑑長編》卷七四,大中祥符三年八月戊辰。
35　《續資治通鑑長編》卷七三,大中祥符三年六月辛未。
36　《續資治通鑑長編》卷七六,大中祥符四年六月甲子。

失輕微。「清漲」與煙瘴的存在，是對這個推論的旁證。

2. 良好的自然生態環境

「清漲」，即無雨而漲水，河水不混濁。當時江西境內植被良好，尤其是贛南林木蔥蘢，涵養蓄積的雨水量大，特別是贛江東源貢水、西源章水，中部還有支流桃江，將贛南約四萬平方公里山林的積水，匯聚到虔州城外龜角尾以下的贛江幹流。由於山林叢密，蓄水力強，山區雨水不易下瀉，如果贛縣境內沒有下雨，而其他諸縣下雨，隔一段時日才眾水流到，於是虔州以下的十八灘河段，便出現晴天漲水現象，即是「無雨而漲，土人謂之清漲」[37]。見於史書記載的「清漲」有：南朝梁大寶二年（551年）六月，陳霸先率軍過十八灘，「高祖之發也，水暴起數丈，三百里間巨石皆沒」[38]。北宋徽宗即位（1101年），蘇軾從嶺南返回，至贛縣，「予發虔州，江水清漲丈餘，贛石三百里無一見者」。宋以前「清漲」現象常能碰到，在虔州顯慶廟裡「刻石以識於廟庭甚多」。

與「清漲」相連的是「煙瘴」。由於山林幽邃，形成「煙瘴」，致人疾病：「虔州龍南、安遠二縣有瘴，朝廷為立賞增俸，而邑官常缺不補；它官以職事至者，率不敢留，甚則至界上移文索案牘行遣而已」。[39]官場上傳言：「龍南、安遠，一去不轉。」

37　方勺《泊宅編》卷三，中華書局，1983 年版。
38　《陳書》卷一，高祖上。中華書局標點本。
39　莊綽《雞肋編》卷下。上海古籍出版社，1991 年版。

這表明贛南的南半部地域，森林密閉，開發區域很小，生態環境仍然呈現原始性的惡化。

「清漲」與煙瘴的根本原因，都是大山森林繁密所致，說到的地方都是贛南，但是這不表示修水、信江、饒河、撫河等江河流域的上游山區沒有「清漲」與瘴氣。當時贛東、贛西的閉塞狀態同樣是比較嚴重。北宋中期，吉州永豐知縣段縫認為，江西號難治的原因，是「民居深山大澤，習俗不同」。各地破產農民，為逃避賦役與豪強欺壓，藏進深山老林，或聚集反抗，即被稱為「峒寇」，所謂「五合六聚，各以峒名其鄉」[40]。所謂「峒」，是指山林深邃的所在，不是開闊平展地區。在吉州的中心區泰和縣，黃庭堅曾到「陰風搜林，山鬼呼嘯」的鄉間；撫州、建昌軍的盱江（撫河上半段）兩岸農村，曾致堯看到的是「樹如煙雲」。類似的描述很多，這些當然也是森林廣袤、山區密閉、雨霧濃重的證據。

第四節 ▶ 糧食作物品種的增加

一　早稻、晚稻與小麥的栽種

　　北宋江西農村普遍栽種早稻、晚稻，早稻之中新增占城稻。適宜旱地栽種的小麥等旱作物也逐漸推廣開來。

　　早稻、晚稻都是一季稻，不是雙季稻，指兩坵田裡成熟期早晚不同的稻。一般情況下早稻在農曆五月收割，晚稻要遲至十月，故晚稻又稱遲禾、大禾。據南宋初年的江西安撫制置大使李綱的奏疏：「本司管下鄉民所種稻田，十分內七分並是早占，只有二三分布種大禾」[41]。農民主要栽早稻的原因，一是生長期比較短，利於渡過「春荒」，解決「青黃不接」的口糧困難；二是早稻出米率比較高，有利於農民吃飽肚子。

　　占城稻。占城稻是早稻中的新品種，於真宗時傳入，迅即傳播江西農村。大中祥符五年（1012年）五月戊辰，「上以江淮兩浙路稍旱，即水田不登，乃遣使就福建取占城稻三萬斛分給三路，令擇民田之高仰者蒔之。蓋旱稻也。仍出種法付轉運使，揭榜諭民」[42]。皇帝下詔，由朝廷指揮各路長官（轉運使）執行，官府並提供種籽，告知栽種技法，遂順利傳播開來。當然更主要是符合民眾的切身利害，受到農民歡迎。江西與福建壤地相接，民間交往素來密切，占城稻既然已鄰東的田裡廣泛種植開來，僅選調種籽即三萬斛之多，其經濟價值資訊必定早已傳播過來，——比如鹽販的來往即是一條便捷的傳播途徑，分別從鉛山、金溪、南城、石城、瑞金、會昌等關隘路口，傳入信州、撫州、建昌軍、虔州鄉村，而其時間應會比官府的行政命令更早。

　　占城稻是否「旱稻」？這裡說「令擇民田之高仰者蒔之」，

41　李綱：《梁溪全集》卷一〇六。四庫全書本。
42　《續資治通鑑長編》卷七七。

似為旱稻，或者是耐旱性強的水稻。然而，在江西農村，早稻、占穀這兩個稱呼，作為水稻品種是互通的（詳見下節）。其次，占城稻即便原來是旱稻，也會在栽培中經選育改良，由旱稻變水稻。蘇軾由筠州到江州一路上，寫春夏間農村的景象說：「甘山盧阜鬱相望，林隙熹微漏日光。吳國晚蠶初斷葉，占城早稻欲移秧」[43]。可見江西北部栽的占城稻已是水稻了。

雙季稻。雙季稻實際上不是一個品種，而是水稻的一種栽培制度，但是，如果把它看成再生稻，也可當作一個品種，泰和曾安止《禾譜》即把「再生禾」作一個品種看待。這種稻北宋時已在部分農村出現，尤其是那些早占禾之中成熟期更短的品種，為收割以後再栽第二次水稻提供了可能。李覯寫家鄉南城的農事時說：「自五月至十月，早晚諸稻隨時登收，一歲間附郭早稻或再收，茶或三改，苧或四收。」[44]很明顯，他這裡說的「附郭早稻或再收」，應是指有的早稻，並非普遍的都能再收。他沒有說明「再收」的具體情狀，只說與茶、苧麻一樣在一年之中有多次收穫，這就可能不是播種再栽，而是早稻成熟後掉落田中的穀粒，萌芽之後生長結實的自然收穫，並非耕作制度中的預先安排。這種水稻再生現象，在史籍中多記入「物異」，如：

《文獻通考·物異考》：「元豐二年（1079 年），洪州六縣稻

43　《三蘇全書》蘇軾詩集卷二三，《白塔鋪歇馬》。語文出版社 2001 年版。
44　乾隆《建昌府志·風俗》。

已獲，再生皆實」。

同治《南昌府志・災異》：「元豐六年（1083 年），洪州七縣稻已獲，再生皆實」。

重複出現的再生皆結實現象，農民積累的經驗多了，就會從偶然中得到啟發，產生有意識地收割早稻之後再栽一次，爭取一年在同一坵田裡得到兩次收穫。因此，北宋時代江西境內栽培雙季稻的可能性極大。

晚稻。這種水稻在春末栽種，初冬收穫，一般多在偏涼的丘陵地區水田栽種。晚稻的畝產量比較低，而米質好，鄉農認為這是因為晚稻吃到四季水。農民自己往往吃不到，多半被用來交納租賦，供官府與富室享用。

小麥、雜糧。種植小麥、雜殖五穀，在各州縣農村已經常見，是糧食生產中的新成果。隨著梯田廣泛墾闢，旱地也相應增多，小麥等旱作物跟著推廣開來。另方面，官府也有提倡種麥的政令。太宗詔江南、兩浙、荊湖、嶺南、福建諸州長吏，勸民雜殖諸穀，「民乏粟、麥、黍、豆種者，於淮北州郡給之」，「並免其租」[45]。這個詔令，適應了江南地區農業發展的客觀需求，有利於小麥、雜糧種植，亦是防水旱、抗災荒的有效措施。由於小麥、雜糧逐漸種得多了，糧食品種不斷由單一向多樣化方向發展，雖然各地因水土條件差異，作物品類會有所側重，然而單純種水稻的農村已經不多了。例如分甯縣（今修水縣），曾鞏介紹

45　《宋史》卷一七三《食貨・農田》。

說：「田高下磽腴，隨所宜雜殖五穀，無廢壤。」[46]

南城縣，麥粟已經多見。熙寧年間科舉落選，退居鄉間的呂南公，記錄了不少田間民事，於夏收時作《粟熟二首》，抒寫此時種田人的心情。其一曰：「昨者小麥熟，野人稍相寬。新粟今又黃，喜聞不青幹。補助複幾許，久饑情所難。」[47]麥粟的補助雖然不多，對於久饑的農民卻是最及時的接濟，窮人們能因此稍微寬心一些。

袁州宜春、分宜鄉間稻麥桑相繼競長，讓人留戀。楊億《閣門廖舍人知袁州》云：「煙波莫歎重湖遠，桑梓仍將別墅鄰。麥穗微黃稻苗綠，朱幡入境便是春。」這雖是鼓勵廖舍人前去上任，但麥黃稻綠卻是現實。在分宜縣境內，人們看到水稻、大小麥、桑蠶並盛：「老牯挽犁泥沒膝，刻刻青秧針水出。大麥登場小麥黃，桑柘葉大蠶滿筐。」（孫覿《分宜道中》）

筠州高安農村，蘇轍謫居此地看到：初夏季節，桑蠶旺盛之時，也是「麥熟正磨鐮」的收割日子。並且小麥和茶葉都種在丘陵旱地，生長季節連接，故在說黃檗茶的時候連著小麥：「黃檗春芽大麥粗，傾山倒穀采無餘」。

農民因地而宜，或稻或麥。又因冬小麥為夏熟作物，正可補充青黃不接時的口糧，故此雖有吃稻米的習慣，仍然儘量多種，

46 《曾鞏集》卷一七《分寧縣雲峰院記》，中華書局 1984 年版，第 272頁。

47 呂南公：《灌園先生集》，卷一。四庫全書本。

既彌補糧食不足，又可得一些麵食調劑胃口。有了這種廣泛的社會需求，以及北宋久已存在的生產基礎，便出現了南宋初年小麥生產不減於北方的局面。建炎之後，大批北方民眾遷居江南，小麥需求量急劇上升，更加促進了麥粟的種植，於是有「江南不減淮北」的說法。莊綽記載說：

> 江、浙、湖、湘、閩、廣西北流寓之人遍滿。紹興初，麥一斛至萬二千錢，農獲其利，倍於種稻。而佃戶輸租，只有秋課。而種麥之利，獨歸客戶。於是競種春稼，極目不減淮北。[48]

建炎、紹興年間農田「競種春稼」的風氣，與北方人到來之後有關，但絕不僅是這個外在因素，「佃戶輸租，只有秋課。而種麥之利，獨歸客戶」的租佃經濟常規，是久已存在的習俗，不是喜好麵食的北方人多了才有。事實證明，麥類作物從北宋開始，已經成為江西地區糧食作物中的重要品種，已是農民的緊要口糧。

二　吉泰盆地栽種的水稻品種

吉泰盆地農業生產條件優良，有悠久的稻作農業歷史，發展至北宋，栽培的水稻品種繁多，集中地反映了江西水稻生產的盛況。

48　莊綽《雞肋編》卷上。中華書局 1983 年版。

哲宗時期（1086-1100 年），泰和縣曾安止寫成《禾譜》，記下了西昌（泰和古稱）、吉安一帶的水稻品種。據他的調查統計，當地稻種「其別凡數十種」。在他編制的「譜表」中，列出的有四十四個，即：

早禾粳品十二：稻禾、赤米占禾、烏早禾、歸生禾、黃穀早禾、六月白禾、黃蓓蕾禾、小赤禾、紅桃仙禾、大早禾、女兒紅禾、住馬香禾。

早禾糯品十：稻白糯、黃糯、竹枝糯、青稿糯、白糯、秋風糯、黃栀糯、赤稻糯、烏糯、椒皮糯。

晚禾粳品八：住馬香禾、八月白禾、土雷禾、紫眼禾、大黃禾、蜜谷烏禾、矮赤粳禾、稻禾。

晚禾糯品十二：黃栀糯、矮稿糯、龍爪糯、馬蹄糯、白糯、大椒糯、大烏糯、小焦糯、大穀糯、青稿糯、骨稿糯、骨雷糯、竹枝糯。

附早品二：早稻禾、早糯禾。

附晚品二：赤稑糯、烏子糯。

《禾譜》「三辯」中還記有六個品種：

白圍禾：「以江南早晚較之，早種如六月白，晚種如白圍禾之類」。

黃穆禾：「今江南有黃穆禾者」。

櫃禾：「今西昌晚種中抑有所謂櫃禾者」。

早占禾、晚占禾：「今西昌早種中有早占禾，晚種中有晚占禾」。

再生禾（女禾）：「今江南再生禾，亦謂之女禾。」[49]

現存《禾譜》一書，僅是泰和縣《匡原曾氏重修族譜》中摘錄的一部分，並不是《禾譜》全書，就已有五十個水稻品種，可見泰和地區的稻種非常豐富，水稻生產很是發達。農民群眾很重視品種的選育更新。例如占城稻，是宋真宗大中祥符五年（1012）傳入江南地區。據曾安止說，「西昌傳之，才四、五十年」，然而農民根據當地的生態環境條件，漸漸培育分化出早晚二個不同的品類。

泰和地區水稻農業發達，系統記述稻種的《禾譜》便應運而出。種水稻、吃大米，成為民間必須，水稻生產登上了社會經濟首位，促使人們在觀念上對它高度重視。曾安止《禾譜序》寫道：「近時士大夫之好事者，嘗集牡丹、荔枝與茶之品，為經及譜，以誇於世肆。予以為農者，政之所先，而稻之品亦不一，惜其未有集之者」。曾安止「農為政先」、為稻種作譜的重農思想，正是應運而生的必然。他有志於此，於是寫出中國歷史上第一本水稻品種專志。士大夫為「牡丹、荔枝與茶之品，為經及譜」，同樣反映了經濟生活中的客觀存在，也是生產發展的生動證明。

《禾譜》問世後受到社會稱讚，紹聖元年（1094 年），蘇軾貶往嶺南，路經泰和，得見《禾譜》，稱其「文既溫雅，事亦詳

---

49 轉錄自曹樹基《〈禾譜〉及其作者研究》，《中國農史》1984 年第 3 期。尹美祿《從〈禾譜〉看北宋吉泰盆地的水稻栽培》，也轉述了《禾譜》的部分內容，該文見《農業考古》1990 年第 1 期。

實。」同時，「惜其不譜農器」，作《秧馬歌》一詩相贈，附於書後。南宋時，曾安止侄孫曾之謹「追述東坡作歌之意」，將種水稻需用的器具寫成《農器譜》，與《禾譜》相配，並寄贈陸游評議。陸游讀後，為之賦《耒陽令曾君寄禾譜、農器譜二書求詩》，詩曰：

> 歐陽公譜西都花，蔡公亦記北苑茶。
> 農功最大置不錄，如棄六藝崇百家。
> 曾侯奮筆譜多稼，儋州讀罷深咨嗟。
> ………
> 神農之學未可廢，坐使末俗漸浮華。[50]

陸游基於抑制浮華之風的旨意，批評「譜西都花」、「記北苑茶」而不記錄水稻品種，是拋開為政的根本，如同輕視六經。這個批評不免偏激，卻有積極意義。

銀珠稻，產於建昌軍南城縣，是晚稻（大禾）中的優良品種，民間傳說是麻姑山中稻田生長的。至遲在仁宗時已選為貢品，上供朝廷。歐陽修於嘉祐五年（1060 年）八月十六日，草

50　《陸遊集》卷六十七，中華書局 1976 年版。歐陽修著《洛陽牡丹記》（一作《牡丹譜》）；蔡襄著《荔枝譜》、《茶錄》。「六藝」，即六經。《史記‧滑稽列傳》：「孔子曰：六藝於治一也。《禮》以節人，《樂》以發和，《書》以道事，《詩》以達意，《易》以神化，《春秋》以道義。」「儋州」，指蘇軾。哲宗紹聖間（1094-1098）貶居瓊州（今海南省），即唐代的儋州。

擬給建昌知軍楊儀的敕書，表彰他「進奉銀珠稻米」[51]。明李賢等修《明一統志》卷五十三建昌府「土產」中，「銀珠米」下記「宋時太守沈造嘗獻」。沈造，出處不詳，其獻銀珠米的過程也說不清。

紅米，產於筠州高安縣。紅米稻也是大禾品種，米粒紅色，胚皮較硬，但煮成飯有很濃的香味。蘇轍謫監筠州稅務期間，吃了紅米飯，並寫詩曰：「飯軟莫嫌紅米賤」。[52]紅米是少有的優質米，出產少，並非到處能吃到。

香稻，洪州奉新縣出產。縣人胡仲堯淳化年間自動減價賣米賑濟饑民，太宗特為嘉獎，命他為「州助教，許每歲以香稻、時果貢於內東門」。[53]此香稻的品質、身價，不在一般優質稻之下。

三 糧食產量與漕糧徵收

農業生產興旺，糧食豐足，是江西的經濟優勢。然而限於歷史資料稀缺，糧食的畝產量及總產量卻難於具體統計說明。現參考相鄰地區的零星記錄，以及相關文字敘述，藉以看到一個大概。

江浙地區在仁宗時期，畝產二、三石，北宋晚期到南宋初期已是三、四石[54]。江西主要產糧區的產量，大致也在這個水準

---

51 《歐陽修全集‧內制集》卷八。
52 《三蘇全書》蘇轍集卷一二《和五適新葺小室》。
53 《宋史》卷四五六《孝義傳‧胡仲堯》。
54 詳見漆俠：《宋代經濟卷‧宋代涇濟卷》，第 154 頁。漆俠教授此處沒

上。范仲俺在景祐元年（1034 年）任蘇州知州時說：「姑蘇歲納苗米三十四萬斛」，慶曆三年（1043 年）任參知政事時又說：「臣知蘇州日，點檢簿書，一州之田系出稅者三萬四千頃，中稔之利，每畝得米二石至三石，計出米七百餘萬石」[55]。蘇州的稻田產量與稅糧數額，在當時是很高的。比范仲淹晚三四十年的曾安止，寫《禾譜》時說吉州的糧食態勢：「江南俗厚，以農為主。吉居其右，尤殷且勤。漕台歲貢百萬斛，調之吉者，十常六七，凡此致之縣官耳。」[56]江南西路漕運出去的賦糧百萬石是稻米（詳見下文），其中吉州占六七成，則是六十萬至七十萬石米。參照蘇州的產量水準，每畝得米二至三石，

我們可以大致上說，吉州等產糧區在中熟年份的畝產量也可達二、三石米。按七折計算，二、三石米約合三四石稻穀，達到了很高的水準。[57]

孔武仲對筠州稻米豐足的實情有一段描述。筠州位於南昌西邊，是重要產糧區。唐朝武德七年（624 年）曾在高安縣設米州，當即因其水稻旺盛而置。不久州廢，而水稻仍在。南唐保大

有說明是稻米、或稻穀，故引用時也不區分。

55 范仲淹：《上呂相公並呈中丞諮目》（1034 年）、《答手詔條陳十事》（1043 年），《范仲淹史料新編》，瀋陽出版社 1989 年版。

56 曾安止：《禾譜‧序》。

57 游修齡編著：《中國稻作史》寫「稻的產量」，以表格說明稻產量發展趨勢，表 4-3 稱：「南方稻米」每市畝產量，隋唐為 1.136 市石，宋為 1.387 市石，分別為兩漢的 211.94%、258.86%。見該書第 210 頁。中國農業出版社 1995 年版。游氏所據資料，源於餘也非《中國歷代糧食平均畝產量統計》，《重慶師範學院學報》1980 年第 3 期。

十年（952 年），再設筠州，北宋時定為上等州。哲宗紹聖四年（1097 年）孔武仲寫其經濟狀況：

「筠為江西支郡，近歲乃更昌大蕃富。其屬邑布在險阻，樂歲粒米狼戾，而四方商賈不能至。囷倉之積，守之至白首而不發。」[58]

筠州高安、上高、新昌（今宜豐）三縣比較封閉的自然地理環境，導致交通不便，商貿不暢，糧食運不出去，遂有殷實蕃富的優勢。這種閉塞，不會改變該地稻米充足的事實，「粒米狼戾」與藏至「白首而不發」的民情，並非人口稀少，消耗有限得來。據前章的人口資料，筠州在太平興國年間平均每縣一一五八二戶，元豐三年（1080 年）為二六五三〇戶，宗寧元年（1102 年）為三七一四〇戶，一向是人口繁夥之地。[59]人多而糧足，表示著畝產量不低，然而極少銷售出境，這對當地社會的穩定不無好處。

從整體上考察，江西州縣生產的糧米，不僅滿足了本地約二〇〇萬戶民眾的口糧需求，還有大批運銷外地。曾安止《禾譜序》說民間販賣稻米的盛況：「春夏之間，淮甸荊湖新陳不續，小民艱食」，商賈就會到吉州等地來販運稻米，「水浮陸運，通

58　光緒《江西通志》卷六七孔武仲《無訟堂記》。

59　筠州地狹人稠之狀，可與河南府比較，該地在仁宗時期共只 75,900 餘戶，置有洛陽等 19 縣，平均每縣 3,994.7 戶（范仲淹《答手詔條陳十事》）；宗寧時增至 127,767 戶，設 16 縣，平均每縣 7,985.4 戶（《宋史・地理志》）。

此饒而阜彼乏者，不知其幾千萬億計，朽腐之遺實半天下。」蘇軾曾上奏說：「勘會熙寧八年，兩浙饑饉，朝旨截撥江西及本路上供斛鬥一百二十五萬石，賜本路賑濟。」[60]元祐七年（1092年）十一月蘇軾又奏：「去年浙西水災，陛下使江西、湖北雇船運米以救蘇、湖之民，蓋百餘萬石。」[61]這些事例告訴我們，北宋時期的江西已是重要的餘糧大區，是朝廷賴以賑濟饑民的大戶。江西民間外運稻米中的商品糧數量無法統計，只有漕糧才有統計資料可以說明。

官府向江西征取的漕糧數額相當巨大。北宋定都汴梁，倚重兵立國，而兵恃糧，軍糧供應依賴漕運，所以漕糧是宋王朝至急至重的大事。宋太宗毫不掩飾地說：「東京養甲兵數十萬，居人百萬家，天下轉漕仰給，在此一渠水，朕安得不顧。」[62]所指「一渠」，是汴渠。東京汴梁的糧食供給，通過汴渠、惠民渠、廣濟渠和黃河四條水道轉輸供應，然而主要的來源是由汴渠運來的東南六路的糧食。每年江、淮、湖、浙諸路數百萬石米及百物眾寶，都經由汴渠輸送至京城。據記載：

太平興國六年（981年），汴渠運米三〇〇萬石，菽一〇〇萬石；黃河運粟五十萬石，菽三十萬石；惠民河運粟四十萬石，

---

60 蘇軾：《相度準備賑濟第一狀》（元祐五年九月七日），見《三蘇全書·蘇軾文集》卷二八。

61 蘇軾：《乞免五穀力勝稅錢箚子》，見《三蘇全書·蘇軾文集》卷三三。

62 《宋史》卷九三，《河渠志》。

菽二十萬石；廣濟河運粟十二萬石。合計五五二萬石，其中汴渠四〇〇萬石，占百分之七十二點四六。至道初（995年），汴渠運米五八〇萬石。十餘年間，汴渠運米已經遠遠超過四河運輸總量。汴渠出眾的運糧能力，促使真宗於景德四年（1007年）下詔：「定汴河歲額六百萬石」。而陸續聚集汴渠的糧米，據第二年（大中祥符元年，1008年）登錄，達到七〇〇萬石，超過定額，為二十多年前的兩倍多。由此可見，汴河漕糧，是重中之重。換句話說，東南六路運去的稻米，是宋朝命脈所系。那麼，江西在這裡占多大的比重呢？

從定額六〇〇萬石至北宋末，江西穩定在一二〇萬石以上。熙寧八年至十年（1075-1077年），沈括為三司使，主管財政，他記錄的漕糧數額是：

發運司歲供京師米以六百萬石為額，淮南一百三十萬石，江南東路九十九萬一千一百石，江南西路一百二十萬八千九百石，荊湖南路六十五萬石，荊湖北路三十五萬石，兩浙路一百五十萬石。通餘羨歲入六百二十萬石。[63]

從沈括的具體統計之中，看到東南六路的糧食態勢，按漕糧數量排名，江南西路居第三位。定額漕糧與實際運到的有二十萬石的差異，此「餘羨」來自何處？有一則史料說：

63　沈括《夢溪筆談》卷十二。

發運使主管的東南六路財貨轉輸於京師，年額上供米共計六百二十萬石，內中四百八十五萬石赴闕，一百三十五萬石送納南京。其中

淮南：一百五十萬石。內中一百二十五萬石赴闕，二十萬石赴咸平尉氏，五萬石赴太康；

江南東路：九十九萬一千一百石。內中七十四萬五千一百石赴闕，二十四萬五千石赴拱州；

江南西路：一百二十萬八千九百石。內中一百萬八千九百石赴闕，二十萬石赴南京；

湖南：六十五萬石盡赴闕；

湖北：三十五萬石赴闕；

兩浙：一百五十五萬石。內中八十四萬五千石赴闕，四十萬三千三百五十二石赴陳留，二十五萬一千六百四十八石赴雍丘。[64]

這是張邦基在《墨莊漫錄》中記下的數位，六路漕糧運赴的地點與數量都很清楚，應是可信的。分計數的總和為六二五萬石，與沈括所記比較，是淮南多二十萬，兩浙多五萬。

政和七年（1117 年），朝廷再次督促漕糧運輸，「立東南六路州軍知州、通判裝發上供糧斛任滿賞格，自一萬石至四十萬石升名次減年有差。張根為江南西路轉運副使，歲漕米百二十萬給

64　張邦基：《墨莊漫錄》，卷四。

中都。」[65]張根得到記錄表揚，自然是他能兌現大運輸量。張根的竅門是：由於數額大，路途遠，督運艱難，每歲額外多存三十萬石應急，以便有足額漕糧運到。因此，江南西路每年實際的漕糧數是一五〇萬石。

一二〇萬到一五〇萬石漕糧，還不是全江西地區的數額，我們有必要從十三州軍的隸屬關係方面折算。依沈括所記，江東九十九萬餘石平均折算，江、饒、信州、南康軍合計得三十九點六萬石。江南西路內減去興國軍應占的平均數，約十二萬石。如此加減之後，江西十三州軍應為一四八萬石左右，與東南六路中占第一位的兩浙路接近了。若再加額外存留的三十萬，約達一八〇萬，超過兩浙路。事實上吉州、饒州、洪州等糧食大州，其糧額遠在平均數之上。曾鞏於熙寧九年（1076 年）任洪州知州，熟悉家鄉故實，瞭解地方財政，故直率地說洪州「其部所領八州，其境屬於荊、閩、南粵，方數千里。其田宜秔稻，其賦粟輸於京師，為天下最，在江湖之間，東南一都會也。」[66]

漕糧重賦，是江西農民作出的重大貢獻，同時又是從未脫卻的沉重負擔。它映現了江西糧食農業旺盛，稻米產量巨大的境況。重負與旺盛，相互激蕩，使江西作為國家的農業基地，非常牢固地確立下來，持久發展不衰。

65　《宋史》卷一七五《食貨志三》。

66　《曾鞏集》卷一九《洪州東門記》。

第五節 ▶ 經濟作物的繁盛

一　土產與貢品

　　經濟作物種類繁多，然古籍記錄並沒有認真的分門別類，而且有的經濟作物與相關的手工製品合在一起，如苧麻與苧布，種茶與製茶，難以分目敘述。故先錄出土產和貢品名目，由此看出物產多樣及產品聲望，然後再根據資料狀況，敘述幾種作物（產品）的生產盛況。

　　北宋前期江西各地的「土產」如下：

　　洪州：蠟、甘橘、葛布、絲布、羅漢菜、筍（出西山佳）、梅煎（唐開元二十五年都督韓朝宗以梅煎難得，取乳柑代。今並停。）、黃精（西山出）。

　　筠州：貢南燭子、南燭花。出調露、紫源茶、烏藥（出烏峰，故名）、薯蕷、土硃、牛尾狸、黃雀兒鮓、紫竹（小而勁直）、羊桃。

　　饒州：茶、簞、瓷器。

　　信州：蠟、葛粉。

　　虔州：糖、蜜梅、竹梳箱、斑竹、石蜜、葛布、岕茶（香味第一，最難得）、雪瓜、桃（出冬桃山，經冬始熟）、五色鯉。

　　袁州：白苧布、葛、紙、竹鞋、黃精、地黃、綿布、酒（按王烈之雲：宜春酒酎隨歲舉上供）、龍鬚草、茶、土綾。

　　吉州：玉版筍、水晶蔥、龍鬚草、抱石魚、藤（貢）茶、紫草、橘、碁子、竹紙、絲布、白苧布。

　　撫州：箭竿、柘木、葛、茶杉紙、朱橘、苧布、牛舌紙。

建昌軍：吳茱萸、承露仙（俗謂之白藥）、麻姑酒（麻姑山取神功泉釀者佳）、金絲布（唐時入貢）。

江州：雲母、葛布、布水紙、石耳、鱅魚、葛、栗、茶。

南康軍：布水紙、葛布、蛤粉、石斛（出廬山懸崖）[67]。

上列諸州軍土產共計八十種。其中紡織品七種，葛布、絲布、白紵布、綿布、苧布、金絲布六種，都不是絹、帛之類的絲織品。白紵布與苧布，都是苧麻織品，它們的區別該為是否漂白。明確為絲織品的只有「土綾」一項。茶有紫源茶、芥茶兩個名品。紙有竹紙、牛舌紙、布水紙三種。筠州的「薯蕷」，不知與明末傳入的番薯有何異同？宋以後筠州還有沒有？

土產之中有三種上貢，即南燭子、南燭花、藤。另外，袁州的酒是否還「隨歲計上供」，不明確。有的研究者將《太平寰宇記》的「土產」等同於貢品，並與《新唐書・地理志》、《元豐九域志》的「土貢」連在一起敘述，不妥。古人分明用「土產」、「土貢」兩個子目，今人應注意它們的區別所在。三部史書所列物產，《新唐書》明顯更少，《元豐九域志》則精確無疑（詳下）。其間的差異，不容忽視。還有一個重要情節是，樂史《太平寰宇記》在有的物產下有注釋，如洪州的梅煎，已注「今並停」，不是貢品了。筠州的土產前兩種加「貢」字，後九種加

67　宋・樂史《太平寰宇記》卷一〇〇至一一一。饒、信等州的金銀銅等礦產未錄，以免和下節重複。原書記錄的貢品照舊列出，「土砆」，「雲母」可能是礦產，也可能是藥品，故未分出。

「出」字，區別很清楚。吉州的藤下注「貢」字。建昌軍的金絲布下注「唐時入貢」，則在北宋不是貢品。所以，「土產」不能當作貢品，只能理解為特產、名品；其中少數入貢，多數不是，原書未寫明的不宜主觀地推定為貢品。

王存等《元豐九域志》反映的是北宋中後期的事實，其中卷六所記的江西各州軍「土貢」如下：

江州：生石斛、雲母各一十斤。

饒州：簟一十頂，麩金一十兩。

信州：葛粉一十斤，白蜜三十斤，水精器一十事。

南康軍：茶芽一十斤。

洪州：葛三十斤。

虔州：白紵二十匹。

吉州：葛一十匹、紵布一十匹。

袁州：白紵一十匹。

撫州：葛三十匹。

筠州：紵一十匹。

南安軍：紵一十匹。

臨江軍：絹一十匹。

建昌軍：絹一十匹。

各州軍進貢的土產以紵布居多，涉及五州軍，共計六十匹；絹則有臨江、建昌二軍進貢，共計二十匹。這些質地優良，有一定名望的產品，應是苧麻種植持續普遍、桑蠶生產得到發展的反映。葛布仍是紡織品生產中的一個優勢，雖只洪、撫二州入貢，數量卻多，各三十匹，可見頗受歡迎。

歐陽修在皇祐五年（1053）八月，因送母柩歸葬永豐縣沙溪，又一次體驗了家鄉風情，寫詩曰：「為愛江西物物佳，作詩嘗向北人誇。青林霜日換楓葉，白水秋風吹稻花。釀酒烹雞留醉客，鳴機織苧遍山家。」[68]永豐農村處處都有種苧麻、織苧布的習俗，成為歐陽修向北方人誇耀的一項內容。

吉州龍泉縣（今遂川），麻苧甚多，蘇軾被貶嶺南，路過吉州時，得知黃庭堅之兄黃大臨在龍泉任知縣，遂「枉道相訪」，他們坐小艇遊虎潭，蘇軾觀景賦詩，有名曰：「草間狐兔悉斂避，雲暗桑麻遍隴頭。」[69]麻不擇地，田邊地角皆宜種植，故有遍隴頭的景象。

在撫州、袁州、虔州等地的地方誌書中，都記有「俗喜麻苧」的民風習俗。

二　桑蠶生產的勃興

桑蠶生產受到社會重視，北宋初期開始便逐漸在各地發展起來。太平興國二年（977 年）六月，江南西路轉運司奏報說：

諸州蠶桑少而金價頗低，今折絹，絹估小而傷民，金估高而傷官。金上等舊估兩十千，今請估八千。絹上等舊疋一千，今估

68　《歐陽修全集・居士集》卷一四，《寄題沙溪寶錫院》。「織苧」之「織」，原注「墨跡作緝」。緝苧，意為把很短的一根根苧麻紗撚接成長長的細絲條，以便上機織成麻布。

69　乾隆《龍泉縣誌》卷一《形勝》。

一千三百。餘以次增損。從之。[70]

　　這個建議得到批准。桑蠶與金的價格比例調整之後，種桑養蠶的收益提高，刺激了農民生產積極性，必然使桑蠶興旺起來。到了北宋中期，李覯便對蠶桑盛況作出如下描述：

　　愚以為東南之郡，山高者鮮不鑿，土深者鮮不掘。……平原沃土，桑拓甚盛。蠶女勤苦，罔畏饑渴。急采疾食，如避盜賊。繭薄山立，繅車之聲連甍相聞，非貴非驕，靡不務此，是絲非不多也。[71]

　　李覯所說的蠶桑盛況，是東南地區的普遍現象，更是江西本地的客觀存在。江西各地在北宋階段經營蠶桑的事例很多，下面我們稍微細緻地展示各州縣的情形：

　　建昌軍，桑蠶生產在呂南公的筆端是：「蠶蛾已撒明年卵，蠶婦乍閒愁夜短。」[72]這是寫蠶婦的辛勞。呂氏若不熟悉育蠶勞作，寫不出如此逼真的情節。呂南公比李覯晚出，而經歷相似。熙寧中他「試禮闈不偶，退築室灌園，不復以進取為意」[73]，甘心在鄉耕讀，其「灌園」即含養蠶之事。他家「百本柔桑繞茅

70　《續資治通鑒長編》卷一八。
71　《李覯集》卷一六《富國策第三》。中華書局 1981 年版，第 137 頁。
72　呂南公：《灌園集》，卷四《和次道村田歌》。四庫全書本。
73　《宋史》卷四四四《呂南公傳》。

第三章・農業生產的發展

185

屋，一陂清水灌沙田，」自己「著書耕釣平生事，夢寐西村五畝桑」[74]。正是由於他「安貧守道，志希古人，」不慕官場富貴，日常生活中思慮的是農桑事務，故能真切地揭示蠶婦育蠶的心意，反映南城地方的生產實情。

饒州，水稻與桑蠶均盛。元祐六年（1091 年），餘干縣進士都頡寫《七談》，暢敘饒州風土人物，第二章言「濱湖蒲魚之利，膏腴七萬頃，柔桑蠶繭之盛」[75]。遺憾的是《七談》文本不傳，桑蠶生產實情難於知曉。

江州，白居易任江州司馬時，詩文中已提及潯陽縣桑蠶事。進入北宋，江州的栽桑養蠶業有了更大發展，絲絹成了夏稅的主要專案。寓居江州的孔平仲深感當地農民因蠶絲多而賦稅重：「見蠶成繭能幾日，繒帛輸官千萬匹。」[76]

陳氏「義門」家族的「都蠶院」，是江州桑蠶業旺盛的集中體現。陳氏居住江州德安縣，家族內設「都蠶院」，眾多的女性成員除八名媳婦負責炊煮之外，其他人統在都蠶院內養蠶織絹。院內設院首，內分若干蠶房。凡四十五到五十八歲的稱蠶婆，四十五以下的稱蠶婦。每間蠶房安排蠶婆一人、蠶婦二人，發給蠶種二兩。女孩兒「各令於蠶母房內同看桑柘」，織造夏稅絲[77]。

洪州，桑蠶紡織素來稱盛。新建縣內官紳家族婦人如厚田譚

74　《灌園集》卷五《次韻酬朱推官》、《夢寐》。
75　洪邁：《容齋隨筆·五筆》，卷六《鄱陽七談》。
76　孔平仲：《朝散集》，卷一《聞砧作》。

77　詳見道光《義門陳氏大成宗譜》家法 33 條。

氏，「蠶績必恭親」[78]。武甯縣農民「男勤耕稼，女務蠶績」[79]。分甯縣「其人修農桑之務，……女婦蠶杼，無懈人」[80]。桑蠶業已成洪州農村普遍的生產項目，是男耕女織中不可缺少的勞作內容。

筠州，據蘇轍的觀察瞭解，桑蠶業在當地是官民共同關注重要事務。他給高安縣令羅審禮的詩說：「政成仍喜新蠶熟，歸去還將舊囊空。」[81]把這位縣官的清廉和蠶桑豐收聯繫在一起。蘇轍注意到，蠶長成與小麥熟在季節上有關聯，「蠶眠初上簇，麥熟正磨鐮。」[82]蘇轍在神宗元豐年間，被貶筠州五年，熟悉了高安一帶的農事，並以「蠶熟」作為地方的重要政績頌揚縣官，可見桑蠶在高安社會經濟中的顯著地位。

吉州泰和縣的蠶桑生產，在黃庭堅的詩文中也有反映，如說「已非紅紫時，春事歸桑柘」，「是日勸農桑，冰銷土膏作」[83]等。

以上諸條史實充分說明，蠶桑生產在江西北半部州縣已經普遍發展起來，成了城鄉民眾經濟生活中的重要內容。

78　姚勉：《雪坡舍人集》，卷五十《譚氏孺人墓誌銘》。

79　同治《南昌縣誌》卷六《風俗》引《武寧圖經》。

80　《曾鞏集》卷一七《分寧縣雲峰院記》。

81　《三蘇全書‧蘇轍集》卷一二《送高安羅令審禮》。語文出版社 2001年版。

82　《三蘇全書‧蘇轍集》卷一一《陰晴不定簡唐覬秘校並敖吳二君》五首之二。

83　黃庭堅《山谷集‧外集》卷十《寄陳適用》，卷十一《寄題安福李克先春閣》。

三　茶的種植與製作

種植和採製茶葉，是農業經濟中的重要門類，商品性成份很重。自唐德宗正式徵收茶稅以後，「百年以來，極於嗜好，略與飲食埒」。北宋官府對茶業生產實施嚴格控制，保證茶利歸於官府。凡種茶農戶稱「園戶」，歲課以茶輸租，餘茶全由官府收購；官府先給錢，後收茶，謂之「本錢」。其他農戶每年輸稅，也可折茶交納，稱為「折稅」。商賈要做茶生意，納錢或金帛於京師榷貨務，提出要某處茶，由榷貨務給券，謂之「交引」；也可將錢或金帛交往東南某茶務、茶場。凡茶入官以輕估（價低），其出以重估（價高），如散茶買自園戶每斤從十六錢至三十八錢，分五十九等；出賣時從十五錢至一二一錢，分一〇九等，故「縣官之利甚博」。為求獲得最大稅利，官府壟斷——「榷茶」的政策，時緊時鬆，或專賣，或有限制地通商，處於多變之中。

茶的品種，分片茶、散茶二類。片茶需蒸造，福建的建州、劍州所製「最為精潔」，而品名有龍、鳳、石乳、白乳之類十二等。散茶出淮南、歸州、江南、荊湖，有龍溪、雨前、雨後之類十一等，江浙又有以上中下或第一至第五為號者。又有一種臘茶，也需蒸造，建州所產者其乳泛湯麵，與溶蠟相似，故名蠟麵茶，後改蠟為臘。茶價依各類各等而異。

江西茶業從唐代發展而來，產地遍及全境，主要是江、饒、信、洪、撫、筠、袁、臨江、建昌、南康等州軍，產量高居江南諸路之首。產品中片茶、散茶都有，虔、袁、饒州、臨江軍的片茶有仙芝、玉津、先春、綠芽之類二十六等，江州出的又有以上

中下或第一至第五為號。江西地區出產的茶品質優良，市場效益很好，對社會生產、群眾生活和官府財政都關係巨大，飲茶用具的製作以及茶事詩文創作，也相隨繁盛起來。

北宋社會對茶的認識與品評，一方面被看作非常緊要的物質財富，另一方面，在上層社會中受到特別推崇，是將它認作珍貴的飲料，品茗是高雅的享受，彰顯的是文化價值，徽宗的《大觀茶論》，最集中地反映了這種思想觀念。他在序言中寫道：茶之為物，擅甌閩之秀氣，鐘山川之靈秉，有袪襟滌滯，致清導和之功效，這是庸人孺子不知的；茶具有沖淡簡潔，韻高致靜的特性，不是煩躁而惶遽之時所能品味到的。本朝歷年看重「建溪之貢，龍團鳳，名冠天下，婺源之品亦自此盛」。凡薦紳之士，或布衣文人，「咸以高雅相從事茗飲。……莫不碎玉鏘金，啜英咀華，……不以蓄茶為羞，可謂盛世之清尚也」[84]。帝王至尊的趙佶，有足夠的清閒品嘗龍團鳳，其他的士大夫名流，在茶事詩文中也流露著同樣的氣息。徽宗等人也寫茶的採擇、製作、鑒辨、品名、茶具等等，客觀上提供了生產領域的一些情節，然而，他們的主觀用意乃是證明自身，展示其在此清高茗飲中不凡的水準。

1. 名品茶

雙井茶，洪州分寧縣出產，名聲最著。雙井是黃庭堅的家鄉，所產茶葉製作精細，宋仁宗時期盛傳開來。歐陽修記述曰：

---

84 趙佶：《大觀茶論》，見《說郛》九十三。委宛山堂本。

「臘茶出於劍、建，草茶盛於兩浙。兩浙之品日鑄為第一。自景祐以後，洪州雙井白芽漸盛，近歲製作尤精，囊以紅紗，不過一二兩，以常茶十數斤養之，用避暑濕之氣。其品遠出日鑄上，遂為草茶第一。」[85]葉夢得《乙卯避暑》中也說：「今草茶極品，惟雙井、顧渚。」景祐（1034-1038）為仁宗年號。葉夢得，蘇州吳縣人，卒於南宋紹興十八年（1148 年）。可見雙井茶成為「草茶第一」的聲望，從北宋至南宋的一百餘年間長期得到社會公認。

《宋史・食貨志》記南宋初年的名品茶葉，實際上也是北宋中後期的事實。志中列舉了六種名茶，即「雪川顧渚，生石上者謂之紫筍，毗陵之陽羨，紹興之日鑄，婺源之謝源，隆興之黃龍、雙井，皆號絕品也。」黃龍、雙井，皆分寧縣所產。這表現了一種品茶傾向，上層社會中嗜好和推崇的只是那五、六種茶品。名品、絕品，產量少而品質精，是特出之代表，受到格外誇讚。黃庭堅喜愛自家生產的茶，特意送雙井茶給蘇軾品嘗，並寫《雙井茶送子瞻》詩說：「我家江南摘雲腴，落磑霏霏雪不如」。福建蔡襄，是善於製茶品茶的名宦，他告訴友人說：「向得雙井四兩，其時人還未試，敘謝不悉。尋烹治之，色香味皆精好，是為茗芽之冠，非日注、寶雲可並也。」[86]歐陽修讚譽雙井茶的特色，對其名望予以公正評議，其《雙井茶》說：

85　《歐陽修全集・歸田錄》卷一。
86　胡仔：《苕溪漁隱叢話後集》卷十一。

西江水清江石老，石上生茶如鳳爪。

窮臘不寒春氣早，雙井芽生先百草。

白毛囊以紅碧紗，十斤茶養一兩芽。

長安富貴五侯家，一啜猶須三日誇。

寶雲日注非不精，爭新棄舊世人情。

豈知君子有常德，至寶不隨時變易。

君不見建溪龍鳳團，不改舊時香味色。[87]

雙井茶後來居上，躋身於名品之中。周輝《清波雜誌》中又說：「雙井因山谷而重，蘇魏公嘗云：平生薦舉，不知幾何人，唯孟安序朝奉（分宜人）歲以雙井一斤為餉。蓋公不納苞苴，顧獨受此，其亦珍之耶！」蘇魏公指蘇軾。周輝為南宋人，津津樂道前朝名人故事，足見其人、其物在社會上影響深遠。雙井白芽茶因採摘適時，春季茶樹剛在萌發時期，養料豐富，嫩綠肥美，所以稱「摘雲腴」。製作完成後，茶葉上有白毫，又細嫩，故比之為雪。官貴王侯們一啜誇三日，平素不貪禮物的蘇軾唯獨樂意得雙井茶，足證其品質絕佳。

黃檗茶，新昌縣（今宜豐縣）黃柏山出。黃庭堅瞭解士大夫對黃檗茶很喜好，他告訴朋友說，種茶的寺僧、園戶競相拿別地出產的茶冒充黃檗茶。[88]黃檗茶的社會聲譽好，產量少而冒充者

87　《歐陽文忠公集》卷九。

88　朱彧：《萍洲可談》卷二：「江西瑞州黃檗茶，號絕品，士大夫頗以相

多，正是其品質優越的表現。蘇轍謫居筠州，熟悉茶葉生長和新昌茶農勞作情狀，寫詩稱讚黃檗茶說：

> 黃檗春芽大麥粗，傾山倒穀采無餘。
> 只疑殘朾陽和盡，尚有幽光霰雪初。
> 耿耿清香崖菊似，依依秀色嶺梅如。
> 經春結子猶堪種，一畝荒園試為鋤。
> 細嚼花須味亦長，新芽一粟葉間藏。
> 稍經臘雪侵肌瘦，旋得春雷發地強。
> 開落空山誰比數，蒸烹來歲最先嘗。
> 枝枯葉硬天真在，踏遍牛羊未改香。[89]

詩中點出了黃檗茶生產的茂盛，品質的優良。詩人巧妙地描述了茶葉生長過程的四季情狀，以菊的清香、梅的靈秀來形容它的高雅，同時，雖經臘雪的欺侵、牛羊的踩踏，仍然保持其天真與幽香，表現出頑強的生命力。這是對黃檗茶的稱讚，也是茶葉的普遍性特色，故而茶葉一經人們認識，便與社會生活結下不解之緣。

雲霧茶，廬山產。廬山茶唐代已經出名，白居易在香爐峰下

饒。所產甚微，寺僧園戶竟取他山茶，冒其名以眩好事者。黃魯直家正在雙井，其自言如此。」
[89] 光緒：《江西通志》卷二二二《黃檗寺》夾註。

草堂之北開闢茶園，自己種茶。唐末五代時的詩僧齊已，遊東林寺後寫詩讚美廬山茶香，說「樹影殘陽寺，茶得古石樓。」[90]到了宋朝，廬山的茶葉生產進一步發展，山上林立的佛寺，有眾多的僧人，他們既品茶也種茶。廬山歸宗寺的志芝庵主寫偈雲：

> 茶芽麓薽初離焙，
> 筍角狼忙又吐泥。
> 山舍一年春事辦，
> 得閒誰管板頭低。[91]

佛寺建在名山勝景之中，大山雲霧繚繞，土肥水足，最適宜茶葉生長，所以其地所產之茶品質優良，而寺廟僧人們也都精於製茶、品茶，並且將品茶和禪思結合，把飲茶行為與精神思索融會貫通，創造出高雅的茶禪文化，使茶葉生產從經濟領域升華至文化領域，兼具兩種社會價值。山僧與茶葉的種植勞作世代繼承了下來。

婺源茶，婺源縣產。此茶在北宋已嶄露頭角，由初露優良品質而到名聲大盛。正如徽宗所說：「本朝之興，歲修建溪之貢，龍團、鳳餅名冠天下，婺源之品亦自此盛」。《宋史·食貨志》曰「婺源之謝源」號稱「絕品」。民間的評議，比徽宗的意見更

90　吳宗慈：《廬山志》，卷十，僧齊已《匡山寓居公》。
91　普濟：《五燈會元》，卷十七《歸宗志芝庵主》。

早，唐朝後期人說「婺源方茶，置製精好，不雜木葉，自梁、宋、燕、並間，人皆尚之」[92]。造成這種差異的原因，當是作為商品茶中的上品，婺源茶早已享譽中原，然而製作出最精的尖端產品，並且貢入朝廷，為權貴所喜好，則是從北宋才開始。

洪州西山的白露茶、鶴嶺茶、羅漢茶，建昌縣（今永修）雲居山茶，宜春仰山的稠平茶，鉛山縣雙港茶，都是號稱「絕品」的茶。虔州岕茶，「香味第一，最難得」；焦坑茶，味苦硬，稍久回味甘甜。萬安縣神潭茶，生在贛江岸邊山岩上，配以鵝公嶂流來的密溪水，味道尤為香美。

茶磨：宋人製茶方式，適應品茶時尚，在製作「片茶」過程中，將生茶葉蒸熟，再壓緊製成餅狀，故而貢品中有龍團、鳳餅等品名，或稱龍鳳團茶。飲用時需將茶餅碾碎，再以水煮沸。「落磑霏霏雪不如」，即是用磨將茶碾成極細的粉末狀了。因此，茶磨是飲茶的必備工具，有關鍵性的作用。如果不用磨，則用碾，「碾以銀為上，熟鐵次之」[93]，顯然，銀碾貴重，是皇家或權貴們的用品，民間通常為鐵碾或石碾。茶餅磨碾之後，再用絹網製成的羅，篩出不夠細的部分，再磨、碾，直至符合要求為止。

茶磨的品質，與石質和磨齒開鑿的好壞有關。一般認為湖南耒陽生產的為上品，實則不如江西上猶縣的茶磨。北宋末年，穎

92　楊華：《膳夫經手錄》。叢書集成初編本。
93　趙佶：《大觀茶論》，「羅碾」篇。

川（今河南禹縣）人莊綽說，南安軍上猶縣北七〇里石門堡小邏村出產堅石，堪作茶磨，其佳者號稱「掌中金」。據他考察，「小邏村所出，亦有美惡。須石出水中，色如角者為上。」如牛角灰黑色的花鋼石，而且浸在水中，硬度高而不脆。以這種石質製成的茶磨，「其磨茶，四周皆勻如雪片；齒雖久，更開斷。」磨出的茶末勻細如雪，恰與黃庭堅讚賞雙井茶的標準相同。使用時間長了，磨齒不利，可以再「洗」，即再加工使磨齒深一些，尖利一些。上猶茶磨的售價不菲，在虔州「價值五千足，亦頗艱得」。比較上猶與耒陽的茶磨，「世多稱耒陽為上，或謂不若上猶之堅小而快也」[94]。小則輕便，快則效率高，故受社會歡迎。

2. 茶產量

各種名品茶，尤其所謂極品，其產量都很少。雙井茶，「魯直力推賞於京師，族人交致之，然歲僅得一二斤」；浙江顧渚茶每年也只五六斤。這兩種「草茶極品」的種植面積，「亦不過各有數畝」[95]。所以，名品的供應面很窄。社會群眾飲用的，為中下品茶，這些茶產量高，供應量大，既解決各界群眾的需求，又為官府提供了大量稅收，充實財政，支撐軍費開支。西夏、契丹等地官民對茶葉的需求，通過邊關榷場貿易等途徑，也得到滿足。北宋維持與遼、西夏的長期共存關係，每年各需茶二三十萬

94　莊綽：《雞肋編》，卷下。
95　葉夢得：《避暑錄話》，卷下。

斤[96]。茶葉，對北宋朝廷的內政、外交，實際上是重要的戰略物資。所以，宋朝一開始對茶葉生產便嚴厲控制。乾德二年（964）八月辛酉，宋太祖下令：

令民茶折稅外悉官買，民敢藏匿而不送官及私販鬻者，沒入之。計其值百錢以上者，杖七十，八貫加役流。主吏以官茶貿易者，計其值五百錢，流二千里，一貫五百及持杖販易私茶為官司擒捕者，皆死。[97]

官府絕對壟斷著茶葉銷售，其政策辦法是：川峽、廣南兩地允許民間買賣，但「禁其出境」。其餘各地全部禁止，通由官府買賣。禁榷的辦法是，沿長江中下游地帶，在江陵府、真州、海州、漢陽軍、無為軍、蘄州的蘄口六個轉輸要會之地，設六榷貨務，分別收購東南各地的茶葉，「凡民鬻茶者皆售於官」；另外在淮南的蘄、黃、廬、舒、壽、光六州設十三個山場。江西的袁、吉、饒、撫、洪、江、臨江七州軍之茶交真州榷貨務；撫、吉、臨江三州軍的部分茶，以及南康軍茶交無為軍榷貨務。[98]真

96　歐陽修在慶曆四年五月《論與西賊大斤茶箚子》稱：「中國大貨利止於茶鹽而已，今西賊一歲三十萬斤，北虜更要三二十萬斤，中國豈得不困？」《歐陽文忠公集》卷一〇五。

97　《續資治通鑑長編》卷五。

98　《續資治通鑑長編》卷一百，天聖元年正月癸末。榷貨務在汴京還設有一個，但不積存茶葉，只會給交鈔往還。建安、襄州、復州等地曾經設過，後廢去。

宗時期，饒州曾一度設立茶場，收納浮梁、婺源、祁門三縣茶，但因交通困難，不久撤銷。咸平三年（1000 年）七月，任中正上奏「乞許浮梁等縣複倉廒就便輸茶」，奏文說：

> 准詔：以饒州置場買納浮梁、婺源、祁門縣茶不便於民，令臣與三班借職胡澄，審行計度。今臣等親到饒、歙二州茶倉，詢問逐處民俗，皆言溪灘險惡，轉輸艱阻，願各複往日倉廒，就便輸納，及浮梁縣民李思堯等，各願自備材木，起創倉廒。[99]

任中正、胡澄二人實地調查後的結果，是浮、婺、祁「各複往日倉廒，就便輸納」，這就告訴我們，沿江榷貨物不是直接收納茶農的產品，而是各縣倉廒就近收納，再集中轉輸至指定的場務。

所以，就政策上說，各產茶地區的茶葉全部在官府控制之中。但是，實際生活中的民間走私、盜販仍不在少數，茶農和茶商都反對官府的專制壟斷，「約束愈密，而冒禁愈繁，歲報刑辟，不可勝數」，「而民之犯法者自若也」。[100]總體上是茶利嚴密控制於是官府，商賈中的豪富者與官僚糾結，乘機舞弊，謀取暴利。由於官府的強制管理，遂有不少資料資料。

樂史《太平寰宇記》記錄茶產地有：筠州，土產紫源茶；饒

99　畢沅：《續資治通鑒》，卷二二。
100　《宋史》卷一八四《食貨下六》。

州浮梁縣，土產茶；虔州，土產茶，香味第一，最難得；袁州，土產茶；吉州，土產茶；撫州，土產茶；江州，土產茶。這七州散在江西四境，故茶產普遍，產量亦多。宗寧年間，饒州買茶額五五一八三九斤。天聖元年（1023），官府的六榷貨務、十三山場匯總茶課數如下：

淮南六州，八六五萬餘斤；

江南十州五軍，一〇二七萬餘斤；

兩浙十二州，一二七點九萬餘斤；

荊湖八州一軍，二四七萬餘斤；

福建二州，三九點三萬餘斤。[101]

合計三十八州六軍，二三〇六二點萬餘斤。

江南在合計中的產地占百分之三十四點〇九，歲課占百分之四十四點五三。江南的產茶州軍十五個，即宣、歙、江、池、饒、信、洪、撫、筠、袁州、廣德、興國、臨江、建昌、南康軍，其中除宣、歙、池、廣德、興國五州軍外，均屬江西地區。所以，產地之中江西占三分之二，則歲課按平均數折算，江西產地能得六八四點六六萬餘斤，超過兩浙、荊湖、福建三地的總和，約合東南諸路總歲課的百分之三十。這個平均數的精確度不可能太高，但由此看出江西地區茶葉生產的普遍旺盛，產量位居前列的優勢。也是丘陵地區生產開發比較充分，產品大量進入流

---

101 《續資治通鑒長編》卷一〇〇，《宋史》卷一八三《食貨下五》所記，同此。

通領域的證明。江西茶葉產業的實力，評估它在北宋財政天平上的分量，對調節宋與遼夏之間關係的意義，都不可輕視[102]。

水土宜茶，產量豐足，給民生帶來利益，也因官府的壟斷與刻剝，給百姓造成災難。熙寧變法時期，王安石特別派人調查茶法利弊，企圖制訂一個既利民又富國的新法，他說：「永惟東南害，茶法蓋其首。私藏與竊販，狴獄常紛糾。輸將一不足，往往死鞭柚。敗陳彼雜惡，強賣曾非誘。已云困關市，且復搔林藪。將更百年蔽，謂民知可否？……」[103]安石的理想沒有兌現，茶法之害繼續，終於釀成南宋的「茶商軍」動亂。

四 柑橘的廣泛種植

果樹栽培以柑橘為主要，其次是栗、桃等。洪州、撫州、臨江軍、吉州、贛州、南安軍等地的柑橘生產，已有相當的優勢，在士大夫的詩文中經常有反映。名動京城，為封建統治階級最高層所好者，首推吉州金橘。歐陽修說：

金橘產於江西，以遠難致，都人初不識。明道、景祐初（1032-1034 年），始與『竹子』俱至京師。『竹子』味酸，人不甚喜，後遂不至。而金橘香清味美，置之樽俎間，光彩灼爍，如

---

102 這裡是就東南地區的 6 榷貨物 13 茶場所統地區而論，沒有涵蓋四川、廣南等地，因而評估的茶產量也只能作相對值看待。《宋史》《食貨下五》記錄了對蜀茶的政策、有關官員的議論以及產銷數量。

103 《王文公文集》卷四一《酬王詹叔奉使江東訪茶法利害見寄》。

金彈丸，誠珍果也。都人初亦不甚貴，其後因溫成皇后尤好食之，由是價重京師。余世家江西，見吉州人甚惜此果，其欲久留者，則於綠豆中藏之，可經時不變。云：橘性熱而豆性涼，故能久也。**104**

溫成皇后，是仁宗的張貴妃，她巧慧多智數，有盛寵，勢動宮禁內外，卒後，謚曰「溫成」，追冊為皇后。這麼一位驕寵弄權的貴妃所喜愛之物，自然是珍美非凡的。金橘的色香味誠如歐陽修所言，味甜微酸，還有化痰鎮咳的明顯功效。植株矮小，可供觀賞。所以，橘農在銷售金橘的同時，商人們也販賣金橘樹苗。若干年後，德興張世南說：「金橘產於江西諸郡，有所謂金柑，差大而味甜。年來商販小株，才高二、三尺許，一舟可載千百株。其實累累如垂彈，殊可愛。價亦廉，實多根茂者，才直二、三鐶。」**105**可見，金橘種植的優勢長盛不衰。

金橘味美，有很大的經濟價值。吉州人民因此引以自豪。宋孝宗晚年，與陪同飲宴的周必大、洪邁談及山珍海味、四時果品：「問容齋（洪邁）『卿鄉里所產？』容齋，鄱陽人也。對曰：『沙地馬蹄鱉，雪天牛尾狸。』又問益公（周必大），公廬陵人也。對曰：『金柑、玉版筍，銀杏、水晶蔥。』上吟賞。」**106**他

---

104 《歐陽修全集・歸田錄》卷二。
105 張世南：《游宦紀聞》，卷二。
106 羅大經：《鶴林玉露》，卷五《肴核對答》

們兩人各自顯揚地方優勢，一個說饒州鄱陽湖區的水產，一個數吉泰盆地的山珍，實事求是，沒有虛誇。

吉州龍泉縣（今遂川縣）是金橘主產區，鄰近的萬安縣，也處處可見，家家碧樹掛金果。金橘色澤金黃，形體橢圓如鴿蛋，汁味甜酸醇厚，具獨特的芳香，並有平喘、順氣、止咳、解渴、生津的醫藥功效。熟果的保鮮方法，歐陽修介紹的是一種，此外，鄉農還採用掛樹留鮮，或沙藏、或松針藏等保濕辦法，也可貯存較長時間。

柑橘，是水果中的主體產品。撫河沿岸的撫州、建昌軍地區是一個種植基地。撫州延續了唐代時朱橘充貢的生產傳統，依舊盛產朱橘。南豐縣出產橘橙，曾鞏家栽有橙樹，結果豐碩，他賦詩曰：

家林香橙有兩樹，根纏鐵鈕淩坡陀。
鮮明百數見秋實，錯綴眾葉傾霜柯。
翠羽流蘇出天仗，黃金戲球相蕩摩。
入苞豈數橘柚賤，芼鼎始足鹽梅和。
江湖苦遭俗眼慢，禁籞尚覺凡木多。
誰能出口獻天子，一致大樹淩滄波。[107]

這種橘橙的品質不錯，然而沒有得到人們的推薦，列為貢

---

107 《曾鞏集》卷一《橙丁》，中華書局 1984 年版。

品，提高身價，遭鄉間「俗眼」慢待，仍處於名望低的境況中。

贛江中下游地區盛產柑橘。洪州農村種乳柑，《文獻通考》記錄唐時曾有乳柑進貢，數量為六〇〇〇顆，與臨海（今浙江台州）並列首位。後來隱居南昌的陳陶、李覯，對東湖沿岸的橘林仍是一片讚美：「古郡城池已瞰江，重湖更在郡東方。水仙坐下魚鱗赤，龍女門前橘樹香。」[108]他走在江邊橘林旁，路絕塵埃，感覺涼爽，心情很好。

豐城的柑橘，在南唐時期已經出名。撫州刺史危全諷對人說：「豐城橘美，頗思之。」[109]到宋代，豐城「橘皮寬膈降氣，消痰逐冷，有殊功」的治病療效已經傳開，得到證驗。北宋後期，豐城知縣莫強中患胸滿腹脹之病，拖延半年，「百方治之不效」。後進橘紅（皮）湯，隨即痊癒[110]。後世樟樹地方出產的良藥「枳殼」，則是豐城民眾妙用橘皮的繼承發展。

饒州、信州一帶也種植橘柚。浮梁縣富戶藏有金，為求家財安全，不僅畜術數十頭，而且「繞垣密植橘柚，人不可入」[111]。他將果樹變成藩籬，巧妙地把經濟收入和防備盜賊結合在一起。

贛南為柑橘的重要產地。贛縣、南康一些人家，有自家果

---

108 《李覯傳》卷三七《東湖》。中華書局 1981 年版。
109 吳淑：《江淮異人錄》：「陳元升，饒州人也。……升元中，刺史危全諷少知其異，迎置郡中。嘗夜坐，危謂之曰：『豐城橘美，頗思之。』元升曰：『方有一船泊豐城港，今為取之』……。」四庫全書本
110 方勺：《泊宅編》，卷八。中華書局 1983 年版。書中寫出了橘紅湯製作的方法。
111 《宋朝事實類苑》卷二三。

園，橘樹多達百千株。蘇軾貶嶺南路過虔州，給贛縣的鶴田居士五子直贈詩曰：「水底笙歌蛙兩部，山中奴婢橘千頭。」[112]他路過南安軍南康縣境，見章江兩岸橘林連片，作《舟次浮石》一首曰：「渺渺疏林集晚鴉，村村煙火梵王家。幽人自種千頭橘，遠客來尋百結花。」[113]橘林之盛在此得到生動體現。種柑橘已是農村經濟的重要組成部分。

112 《三蘇全書・蘇軾詩集》卷三九《贈王子直秀才》。又，同治《贛州府志》卷七四。
113 同治《南安府志》卷二六。

江西文庫 A0701A11

江西通史：北宋卷　上冊

主　　編　鍾啟煌

作　　者　許懷林

責任編輯　楊家瑜

發 行 人　陳滿銘

總 經 理　梁錦興

總 編 輯　陳滿銘

副總編輯　張晏瑞

編 輯 所　萬卷樓圖書股份有限公司

排　　版　菩薩蠻數位文化有限公司

印　　刷　百通科技股份有限公司

封面設計　菩薩蠻數位文化有限公司

出　　版　昌明文化有限公司

桃園市龜山區中原街 32 號

電話 (02)23216565

發　　行　萬卷樓圖書股份有限公司

臺北市羅斯福路二段 41 號 6 樓之 3

電話 (02)23216565

傳真 (02)23218698

電郵 SERVICE@WANJUAN.COM.TW

大陸經銷　廈門外圖臺灣書店有限公司

電郵 JKB188@188.COM

ISBN 978-986-496-184-9

2018 年 1 月初版

定價：新臺幣 360 元

如何購買本書：

1. 轉帳購書，請透過以下帳戶

合作金庫銀行　古亭分行

戶名：萬卷樓圖書股份有限公司

帳號：0877717092596

2. 網路購書，請透過萬卷樓網站

網址　WWW.WANJUAN.COM.TW

大量購書，請直接聯繫我們，將有專人為您

服務。客服：(02)23216565　分機 610

如有缺頁、破損或裝訂錯誤，請寄回更換

國家圖書館出版品預行編目資料

江西通史　北宋卷 / 鍾啟煌主編.-- 初版.--

桃園市：昌明文化出版；臺北市：萬卷樓

發行, 2018.01

冊；　公分

ISBN 978-986-496-184-9(上冊：平裝). --

1.歷史 2.江西省

672.41　　　　　　　　　　　107001897